인공지능 대화시스템 연구

고창수 외

지식과교양

* 이 저술은 2008년도 정부 재원(교육과학기술부 학술연구조성사업비)으로 한국
연구재단의 지원을 받아 연구되었음(KRF-2008-321-A00083).

　이 책의 기획은 인공지능 대화시스템을 진화시키기 위한 한 노력으로 시작되었다. 인공지능이란 인간의 지능을 기계적으로 구현한 상태를 의미한다. 컴퓨터가 개발된 이래 많은 사람들이 이상적인 인공지능의 구현에 매진해 왔지만 많은 연구가 아직 현실적으로 응용될 만한 것이라고는 할 수 없다. 지능이란 인간이 가지고 있는 유연한 학습 능력 및 새로운 것을 창조할 수 있는 의사소통 능력을 의미한다. 기계는 이러한 능력을 가져야만 진정한 인공지능으로 평가 받을 수 있다. 이러한 지능적 능력의 배후에는 인간의 창의적인 언어 능력이 숨어 있는 것이 분명하다. 즉 인간이 선천적으로 타고난 말을 배우는 능력, 그리고 자라나면서 복잡한 대상에 대해 서로 언급할 수 있는 능력, 사물과 개념들을 통합적으로 이해하는 능력, 이 모든 것은 언어로 사상되지 않는다면 존재하지도, 존재할 수도 없는 능력이라고 할 수 있다.

　인간의 언어 능력 중에서도 상호 의사소통할 수 있는 능력을 가진 대화시스템을 개발하는 일은 인간의 언어능력을 객관화하고 진정한 인공지능의 개발에 기여한다. 특히 오늘날과 같이 인간 사이의 의사소통이 무한한 가능성을 가지고 있는 디지털 시대에서 인간과 기계의 의사소통 가능성을 진보시키는 것은 앞으로의 문명사회에 또 다른 기여를 할 것임이 분명하다.

그러나 인간의 의사소통 능력의 본질은 무엇인가? 그것은 인간의 언어 능력 그 자체에 기대고 있다. 즉, 인간이 언어를 수행할 수 있는 내재적 지식을 근간으로 이를 기호화하여 상호 표현하는 행위와 다른 것이 아니다. 이러한 인간의 능력을 기계가 똑같이 수행하기 위해서는 역시 기계도 인간의 언어 지식을 내재화해야 한다. 아마 그러한 것들은 단어에 대한 지식, 문장 구성에 대한 지식, 그것을 의미화하는 지식들을 포함할 것이다.

그러나 단순히 언어 지식만으로 대화가 이루어지는 것은 아니다. 인간의 대화도 언어 지식 외에 언어로 쌓아놓은 각종 사회적, 문화적 지식을 이용하여 상호 의사소통을 원만히 수행함으로써 필요한 정보를 획득하고 정감을 나눌 수 있다. 이러한 능력을 기계가 이해할 수 있는 능력으로 환원하는 일은 정말 어려운 일이다. 따라서 앞으로도 많은 시간과 노력을 통해 점진적으로 해결해 나가야 한다.

이 책은 인간의 언어 능력을 크게 문장 구성 능력과 화용적 사용 능력, 그리고 지식의 활용 능력으로 나누고 그 중에서도 화용적 사용 능력을 어떻게 기호적으로 객관화할 수 있는가에 초점을 맞추어

서술한 것이다. 화용적 사용 능력은 근본적으로 화자와 청자 사이의 대화에 나타나는 서로의 의도를 간파하여 이에 적절히 대응하는 능력이라고 할 수 있다. 이에 대한 연구는 문장 구성 능력을 표상하는 연구에 비해 미진한 것임에는 틀림없다. 언어정보처리 기술의 궁극적인 목적이 실제적 활용에 있다면 사용자의 의도를 파악하여 이에 대응하는 시스템을 개발하는 작업은 필수적이다.

대화시스템의 응용은 다양하게 살펴볼 수 있을 것이다. 그러나 현재 이를 다양하게 적용할 만큼 충분한 기술을 가지고 있지 않다. 따라서 응용의 범위를 넓히고 대화시스템의 요구를 제고하기 위해서는 적용 가능하고 실제적 쓰임이 확실한 분야를 찾는 일이 선행되어야 한다.

이 책에서는 엔터테인먼트 분야에서 많은 인기를 얻고 있는 MMORPG에서 사용자와 NPC의 대화에 적용 가능한 모형을 구상하고 이를 적용할 수 있는 알고리듬을 소개하고 있다. 관련 게임을 기획하는 분들이나 이에 관심 있는 독자들에게 대화시스템의 필요성과 적용가능성을 제안하려는 것이다. 물론 이 책에서 제안하는 내용 자체로 실제의 대화시스템을 구성할 수 있는 것은 아니지만, 많은 부분 새로운 형태의 대화시스템에 대한 영감과 방향성을 잡는 데에는 도움이 될 것이라고 믿는다.

이 책은 한국연구재단의 창의주제연구사업 지원에 의해 "사용자 의도분석에 기반한 인공지능 대화시스템 연구"라는 주제로 진행된 결과물을 대중과 소통할 수 있는 형태로 재가공한 것이다. 연구를 지원해 주신 연구재단에 대해 먼저 감사의 뜻을 표한다. 2년의 연구기간과 그 마무리를 하는 시간을 통해 대중과 소통할 수 있는 책을 마무리할 수 있었다. 연구에 참가해 주신 공동연구원 이은희, 김효용 교수에게 고마움의 뜻을 전한다. 무엇보다도 전임연구원인 이성우 연구원과 연구보조원으로 매진해준 권정현, 정연주, 이현주, 이주희, 채정이, 김민정 연구원에게도 커다란 감사의 마음을 전하고 싶다. 특히 권정현, 정연주, 이현주 연구원의 헌신적인 노력이 없었다면 연구의 마무리와 출간을 원만하게 진행하기는 어려웠을 것이다. 끝으로 이 책을 출판해주신 지식과교양 대표님과 편집자에게도 감사의 뜻을 전한다.

2012년 3월
저자 대표 고 창 수

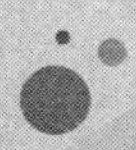

책머리에

1

인공지능 대화시스템이란 무엇인가?

인공지능 대화시스템 연구

1

인공지능 대화시스템이란 무엇인가?

1.1. 인공지능의 개념과 대화시스템

1956년 여름, 미국의 다트머스대학에 '생각하는 기계'에 관해 토론하기 위하여 많은 사람들이 몰려들었다. 이 모임에서 '인공지능(Artificial Intelligence: AI)'이라는 말이 탄생했다. 인공지능이란 문자 그대로 인공적으로 구현된 인간의 지적 능력을 의미한다. 이를 구체적으로 표현하면, 기계가 지식을 획득하는 학습 능력, 외계의 유형을 파악하는 인식 능력, 그리고 이를 바탕으로 하는 추론 능력을 갖출 것을 요구하는 것이다(고창수, 1999:195).

지능에 관한 연구는 크게 두 가지 접근 방법에 의해 진행되어 왔다. 첫째는 기호주의 방식이다. 이 방법은 주어진 문제에 대하여 기본이 되는 개념, 이들 사이의 관계 및 제약 조건, 그리고 구체적인 사실들을 정해진 기호 체계 내에서 기호들의 집합으로 표현한 후에 이 기호들을 적절히 변형, 조작함으로써 추론이나 의사 결정, 학습 등을 수행할 수 있다고 보는 견해이다. 둘째는 연결주의 방식이다. 이 방법은 인공지능을 실현하기 위해서는 학습이나 언어, 인식, 감각의 본질 등에 대한 이해가 필요하며, 인간의 두뇌를 모방한 인공 신경망을 구성하여 정보 처리의 최소 단위인 뉴런들이 협동적, 경쟁적 상호작용을 하도록 만들어 전체적이고 종합적인 정보처리를 해야 한다고 보는 견해이다. 결국 이 두 가지 방식은 기계에 지능을 부여하여 똑똑한 기계를 만들고자 하는 목표는 같으나 그 방법이 다른 것이다. 양자는 방법상의 차이에 따라 그 응용 분야에도 차이가 있다. 그러나 두 가지 접근 방법이 상호보완적인 관계에 있어야 한다는 데는 이견이 있을 수 없다.

인공지능의 대표적인 응용 분야 가운데 첫째는 전문가 시스템(Expert Systems)이다. 이 시스템은 일정 분야에서 전문가의 문제 해결 능력 모델을 컴퓨터 프로그램으로 디자인한 것이다. 전문가 시스템은 IF…THEN…ELSE 규칙들을 이용하여 전문 지식을 지식베이스에 저장하고 각종 추론 방법을 사용하여 주어진 문제에 대한 의사 결정이나 진단 등을 처리한다. 둘째는 신경망(Neural Networks)이다. 이는 인간의 뇌구조를 컴퓨터로 구현한 것이다. 신경망은 데이터베이스로부터 학습이라는 과정을 통해 규칙을 대신하는 신경망 패턴을 형성한다. 이를 이용해 일정한 규칙을 갖기 힘든 인식이나 분류 작업 등에 많이 활용되고 있다. 셋째는 유전자 알고리즘(Genetic Algorithms)이다. 이는 다윈의 유전법칙에 바탕을 둔 기법이다. 이 기법의 장점은 미리 어떤 문제에 대한 해결 방안을 가질 필요가 없으며 단지 그

답에 대한 적합도 측정으로 답을 구할 수 있다는 것이다. 다만 답을 찾는 데 많은 시간이 소요된다는 것이 단점이다. 이 기법은 이미 알고 있는 답을 좀 더 개선하기 위해 많이 사용되며, 분류 방법이 잘 알려지지 않은 범주의 분류 문제에 주로 사용된다. 넷째는 퍼지 시스템 이론(Fuzzy System Theory)이다. 이는 언어 등의 애매함을 정량적으로 표현하기 위하여 1965년 미국 버클리 대학의 로프티 자데(Lofti Zadeh)에 의해 도입된 퍼지집합의 사고방식을 기초로 한다. 퍼지집합의 개념은 각 대상이 어떤 모임에 속한다 또는 속하지 않는다는 전통적인 이진법 논리 대신에 각 대상이 그 모임에 속하는 정도를 소속함수로써 표현하는 방식을 이용하는 것이다. 데이터 처리 형태로서 퍼지논리 시스템에서는 사건 발생 가능성을 다양한 참 또는 거짓의 정도(일어날 것이다, 필시 일어날 것이다, 일어날 수 있다, 일어나지 않을지도 모른다 등)로 나눈다. 이렇게 함으로써 사건의 결과를 확률로 나타낼 수 있게 된다. 특히 퍼지논리 시스템은 자신의 실수로부터 학습하고, 인간의 사고 과정을 모방할 수 있기 때문에 인공지능의 한 형태로 간주된다. 최근에는 가전제품, 자동제어 분야를 비롯해 전문가 시스템, 자가조절 산업제어장치, 컴퓨터화된 음성 및 글자 인식 프로그램 등에서 다양하게 응용되고 있다. 다섯째는 자연언어 시스템(Natural Language Systems)이다. 이는 인간의 언어를 이해하거나 작성할 수 있는 모델을 제시하고 프로그램화하기 위한 기본 원리를 다루는 것이다. 즉, 컴퓨터가 자연언어를 처리하는 방법에 대한 계산이론을 다루며, 단어와 단어의 뜻, 단어로 구성된 문장과 그 문장의 의미에 대한 지식을 효율적으로 활용하는 방법 등을 연구한다. 자연언어 처리 시스템이 주로 응용되는 분야로는 정보 검색, 질의응답 시스템, 자동 번역 및 통역 시스템 등이 있다(임준식, 2006:12-18).

　그런데 인공지능에 접근할 때 인간의 뇌와 컴퓨터 사이에는 근본적인 차이가 있다는 사실을 반드시 고려해야 한다. 첫째, 인간의 뇌에 저장된 정보는 컴퓨터에서처럼 기억장치의 특정한 주소에 저장되는 것이 아니라 구조 전체에 걸쳐 적절히 분산되어 있다. 둘째, 인간의 뇌는 2진 기호 방식으로 저장하는 것이 아니라 뉴런들이 강하게 혹은 약하게 연결되는 연결강도의 변화에 의해 두뇌 활동을 수행한다. 셋째, 저장된 정보를 검색할 때에도 인간의 뇌는 컴퓨터처럼 가상의 숫자로 된 번지를 이용하는 것이 아니라 기억된 내용에 의해 검색되는 이른바 내용주소 방식으로 작동한다.

　더욱이 인간의 사고 작용과 컴퓨터의 정보 처리 방식 사이에는 보다 근본적인 차이가 있다. 먼저, 자신의 여러 기억들에 대한 상호참조의 능력에서 컴퓨터는 인간을 따라올 수 없다. 이 점은 자유로운 연상의 결과들을 종합하여 순식간에 결론을 도출해 내는 인간의 사고 과정을 떠올려 보면 명확해진다. 컴퓨터 시스템에서는 이를 신속한 자료 접근과 갱신 작업을 위해 가장 많이 사용되는 인덱싱 기법 등으로 해결하고 있지만, 그 결과는 인간에 비해 매우 초보적인 수준에 머물고 있는 실정이다. 또한, 인간 자신도 그 결과를 예측하기 힘든 직관에 의한 상상력은 그야말로 인간만의 특성이다. 컴퓨터는 이를 우연발생 시스템(randomgenerator) 등으로 대체하고 있지만, 그 기계적인 결과가 인간의 경우를 넘어서지 못하고 있는 것은 너무나 분명한 사실이다(이성우, 2007:56~57). 이처럼 인간의 뇌와 컴퓨터는 서로 근본적인 차이를 지니고 있기 때문에 인공지능으로 작동되는 대화시스템을 구현하는 연구는 그만큼 어려운 작업이 될 수밖에 없는 것이다.

　대화시스템의 본질은 다음 두 가지로 요약된다. 첫째, 어느 정도 다양한 표현을 구사하며 대화하는가. 둘째, 어느 정도 자연스럽게 대화하는가(나가오 마코토 외, 2000:125). 이 가운데 첫 번째 요소는 대화시스템을 운용하는 과정에서 사용자가 미리 정한 형식을 외울 필요가 없다는 것을 뜻한다. 두 번째 요소는 대화의 어느 시점에서 말을 꺼내야 하는가를 미리 정해 놓은 것이 아니기 때문에 사용자는 필요에 따라 말을 꺼낼 수 있고, 또 대화의 주도권이 사용자나 시스템 어느 한쪽에 고정되지 않는다는 것을 의미한다.

일반적으로 대화시스템은 세 가지의 관점에서 분류할 수 있다. 첫째, 발화이해의 관점은 대화를 주도하는 발화자의 의도를 인식하기 위해 현재 대화의 상황을 파악하며, 일련의 정보 수집 과정을 거쳐 발화자의 신념, 욕구, 의도 등을 인식하는 방식이다. 둘째, 사용자와 시스템 중 어느 쪽이 대화의 주도권을 갖고 있느냐의 문제를 판단하는 관점이다. 이 관점은 세부적으로 질문응답 시스템, 상담시스템, 대화적 설명시스템 등으로 분류된다. 셋째, 대화에 사용되는 커뮤니케이션 방법에 대한 관점이다. 이 관점은 음성이나 제스처, 시선, 표정 등과 같은 다양한 정보 전달 방법을 분석하는 것이다.

이와 관련하여 대화시스템은 입력문에 해당하는 사용자 발화에 대한 이해부, 응답문에 해당하는 시스템 발화의 생성부, 그리고 대화 관리부의 세 부분으로 구성된다. 발화의 이해부와 생성부는 언어지식 수단으로 사전이나 문법을 이용하고, 언어 이외의 지식으로는 대상 영역에 관한 지식을 이용한다. 고도의 시스템은 사용자와 시스템이 대화를 통해 공유하는 정보와 사용자에 걸맞은 이해나 생성을 위한 사용자 모델을 갖기도 한다. 문제해결 시스템에 초점을 맞추어 살펴본다면, 대화시스템은 문제해결 시스템과 사용자 사이에서 기능하는 인터페이스라고 이해할 수도 있다.

1.2. 인공지능 대화시스템의 역사

대화시스템의 역사는 크게 실용 시스템을 위한 연구와 대화 현상 이해에 중심을 둔 연구로 나누어 살펴볼 수 있다. 먼저, 실용 시스템을 위한 연구는 실제 환경에서 강한 성능을 유지하는 것에 초점을 맞추어 왔다. 하지만 매우 제한적인 상황에서만 성능을 보장할 수 있으며, 다양한 형태의 대화를 적용하기가 어렵다.

반면에 대화 현상 이해에 중심을 둔 연구에서는 대표적으로 계획기반 모델(plan-based model)이 제안되었다. 이 모델은 복잡한 대화 구조를 모델링할 수 있으며, 다양한 현상에서의 사용자 목적 추론이 가능하다. 그러나 이 모델은 초기 설계가 어렵고, 시스템 응답을 생성하기 위한 상호작용 모델로의 확장이 매우 힘들다. 이러한 계획기반 모델의 단점을 보완해 실용적인 대화시스템을 구축하기 위하여, 시스템 응답을 산출하는 확인 대화 전략과 담화 스택(discourse stack)을 적용하는 새로운 기법이 제안되기도 했다.

또한 대화시스템은 대화의 목적에 따라 작업 수행과 정보 제공의 두 가지 역할을 수행한다. 이에 따라서 작업지향 대화(task-oriented dialogue)는 사용자가 대화시스템을 사용하여 특정 작업을 수행하기 위한 대화를 진행하는 것을 가리킨다. 또한 정보 획득 대화(information seeking dialogue)는 정보를 얻기 위한 대화를 진행하는 것이다. 그런데 인간의 대화에는 작업지향 대화와 정보 획득 대화가 혼재되어 있으며, 구조적으로 매우 복잡한 형태를 띤다. 이에 대화시스템을 실제 환경에서 사용하기 위해서는 이런 복잡한 형태의 대화를 제대로 처리할 수 있어야 한다(강상우 외, 2008:108).

실제 구현된 프로그램을 중심으로 인공지능 대화시스템의 역사를 국외와 국내로 나누어 살펴볼 수도 있다. 먼저, 국외에서 출발한 대화시스템을 보면 초기에는 〈ELIZA〉와 〈PARRY〉가 있으며, 점차 〈Racter〉, 〈Verbots〉, 〈A.L.I.C.E〉, 〈ELLA〉, 〈Jabberwacky〉 등과 같은 다음 세대의 대화로봇(Chatbot)으로 발전하였다. 대화시스템에 대한 연구 분야 역시 로봇과의 대화 목적이 확장됨에 따라 다양한 방향으로 전개되었다. 초기의 〈ELIZA〉와 〈PARRY〉가 단순히 대화 유형의 실험을 위하여 사용되었다면 〈Racter〉는 "The Policeman's Beard is Half Constructed."라고 불리는 스토리의 작성을 위하여 사용되었다.

대화로봇이란 용어는 1994년 Michael Mauldin이 자신이 제작한 로봇에 처음 명명한 것으로, 이 연구 결과가 Twelfth National Conference on Artificial Intelligence(1994)에 발표됨으로써 널리 알려지게 되었다. 이 연구가 진행되면서 사용된 대화 원리에 따라서 대화로봇의 유형이 나뉜다. 그 중 〈Jabberwacky〉는 인간이 새로운 사실이나 언어를 배우는 방법을 모델로 하여 제작된 것이다. 〈ELLA〉는 사용자의 대화에 대해 보다 적절한 대답을 할 수 있도록 시도되었다. 그리고 〈SHRDLU〉는 일반적인 대화로봇으로는 분류되지 않지만, 언어 능력과 세계 지식을 연결한 자연어 대화법을 사용하고 있으며, 일반 대화로봇보다 더 복잡한 인공지능을 내장하고 있다.

최근의 연구는 대화로봇의 인공지능 실용화에 초점을 맞춰 이루어지고 있다. 대화 로봇에서 실용화하고자 하는 인공지능은 약한 인공지능(Weak AI: 기계가 구현하는 지적 기능이 인간의 지능을 이해하는 데 유용한 도구라는 주장)으로, 지혜와 추리력을 요구하는 강한 인공지능(Strong AI: 기계도 인간처럼 마음을 가질 수 있다는 주장)과는 구분된다. 약한 인공지능을 구현한 대표적인 예로 자연어 대화로봇인 〈A.L.I.C.E〉를 들 수 있다. 〈A.L.I.C.E〉는 최초의 대화로봇인 〈ELIZA〉와 유사한 대화 구현 방식을 사용하는데, 추론 능력이 없는 패턴매칭 방식에 기반을 두고 있다.

〈A.L.I.C.E〉의 자연언어 처리를 살펴보면, 〈A.L.I.C.E〉는 간단한 인사나 질문에 대해서는 적절한 패턴을 찾아서 대답을 해 준다. 또 일치하는 패턴이 있을 경우 감정 표현도 조금씩 할 수 있다. 그러나 패턴에 따른 대화 응답의 정확도에서는 많은 문제를 보인다. 다음은 〈A.L.I.C.E〉와의 대화 예이다.

```
Human: Are you OK?
ALICE: OK. I won't say "yes" or "no" right now.
Human: Why?
ALICE: Reductionism.
Human: What are you talking about?
ALICE: I believe we were talking about .
Human: Oh, You are a funny man!
ALICE: Dude! Thanks and you are a delightful person too. It is better to be silent
and be thought a fool, than to open your mouth and remove all doubt.
You say:
```

[그림 1] 〈A.L.I.C.E〉의 예

〈Jabberwacky〉와 〈Kyle〉은 사용자와의 상호작용을 통하여 새롭고 독특한 표현들을 배울 수 있다는 점에서 강한 인공지능을 구현한 예로 꼽힌다. 특히 〈Jabberwacky〉는 다국어 시스템을 지원하고 새로운 표현을 학습할 수도 있지만, 가끔씩 엉뚱한 대답을 산출하는 자연언어 프로그램의 일반적인 문제점을 지니고 있다. 다음은 〈Jabberwacky〉와의 대화 예이다.

최근 외국의 대화형 인공지능 연구는 목적성을 지닌 대화로봇을 구현하려는 경향을 보인다. 드라마나 코미디, 군사적 목적 등 다양한 분야에서 자연어 대화가 가능한 인공지능을 요구하고 있으며, 이에 부합하는 대화로봇들이 활용되고 있다. 또한 대화 상대면에 있어서도 사용자와 로봇 간의 대화뿐만 아니라 로

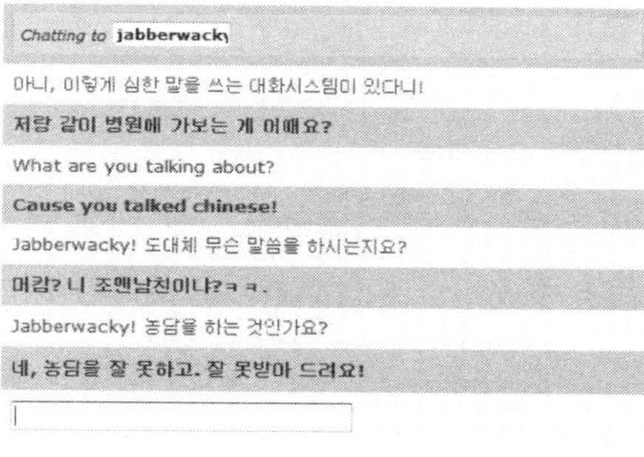

[그림 2] 〈Jabberwacky〉의 예

봇과 로봇 간의 대화에 관한 연구도 활발히 이루어지고 있다. 일정한 상황에서 수행할 수 있는 일을 로봇에게 부여하면 그 목적을 달성하기 위하여 로봇들이 서로 데이터를 주고받으며 적절한 행동을 보여주는 시스템들이 그것이다. 이러한 시스템들은 다음에 보이는 HTN(Hierarchical Task Networks) 기술을 이용하고 있다.

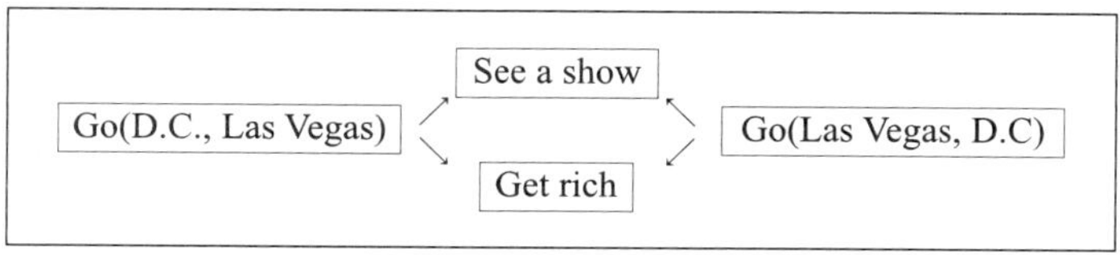

[그림 3] HTN 과제 네트워크의 예

2005년 발표된 인디게임 대화로봇인 〈Façade〉를 보면 인공지능 연구가 로봇과 사용자와의 관계를 넘어서 로봇과 로봇이 실제적으로 대화하는 단계에까지 이르렀음을 실감할 수 있다. 한 예로 로봇과 로봇의 대화에서 한 로봇에게 상대방을 부추겨서 지정된 목적을 달성하라는 명령을 입력했을 경우, 명령을 받은 로봇은 HTN 구조에 따라서 행동 방향을 결정하고 그에 따른 대화와 행동을 보인다. 이는 사

용자가 일방적으로 시작하는 대화가 아니라, 로봇들끼리 의사소통을 하면서 사용자와 로봇들이 함께 어울려서 다수가 참여하는 대화시스템의 초기적 형태를 보여 주는 것이다. 이 시스템에서는 여러 로봇들이 등장하여 사용자의 말에 반응하기도 하고, 옆에서 대화에 참여하기도 하고, 사용자에게 말을 걸기도 하는 등 화면에 있는 모든 로봇들이 사용자와 자연스럽게 상호작용한다. 다음은 〈Façade〉의 예시 화면이다.

[그림 4] 〈Façade〉의 예

국내의 연구는 외국에 비해 아직 초기 단계라 할 수 있다. 그 중 대표적인 상용 프로그램으로는 대화로봇 〈별이 열한 살〉을 꼽을 수 있다. 이 시스템은 약한 인공지능을 따르는 대화시스템으로 볼 수 있는데, 외국의 시스템들과 다른 점으로는 학습 능력을 들 수 있다. 즉, 〈별이 열한 살〉은 약한 인공지능 형식의 시스템이면서 강한 인공지능의 특징인 학습능력이 가미된 시스템이다. 이 시스템은 사용자가 데이터베이스에 직접 원하는 대화 패턴을 저장하여 새로운 형태의 대화가 가능하도록 설계되었다. 하지만 데이터를 저장하기 위해서는 일정 수준 이상의 시스템 지식이 필요하고, 저장의 실수로 기존 데이터에 새로운 데이터가 중복되면 기존 데이터가 삭제되는 문제를 지니고 있다. 다음은 〈별이 열한 살〉의 예시 화면이다.

[그림 5] 〈별이 열한 살〉의 예

2003년 MSN 메신저에서 사용된 〈심심이〉는 국내에서 가장 집중적인 관심을 받았던 대화시스템이다. 이는 단순히 특정 문장에서 패턴을 발췌하고 기존에 구축된 데이터베이스에서 같은 문장을 확인하는 방법을 사용하는 〈ELIZA〉와 같은 패턴 매칭형 대화시스템이다. 이전의 대화형 시스템들이 미리 입력된 대화 데이터베이스에서 적당한 답을 고르는 데 비해서 〈심심이〉는 네티즌들이 현재 사용하는 유행어와 같은 대화쌍을 데이터베이스에 저장함으로써 100만 단어가 넘는 어휘 구사 능력을 지니게 되었다. 하지만 능동적인 반응이 배제된 채 사용자의 질문에 단순 일치하는 문장을 찾아서 보여 주도록 설계되었기 때문에 적극적인 참여를 유도하는 대화에는 적합하지 않다. 다음은 〈심심이〉와의 대화 예시 화면이다.

[그림 6] 〈심심이〉의 예

2005년 MSN 메신저를 통해서 기업용 채팅로봇 서비스인 〈아이버디(i-Buddy)〉가 제공되었다. 이 시스템은 고객이 증권, 연예, 영화 정보 등에 특화된 채팅로봇인 〈아이버디〉를 메신저 대화상대로 등록하면, 관련 기업체와 실시간 커뮤니케이션을 수행하도록 설계되었다. 한국 MSN에 따르면 메신저 기반의 채팅로봇이 마케팅에 효과가 있다고 알려지면서 특히 기업 고객들의 관심이 집중되었다고 한다. 다음은 〈아이버디〉의 예시 화면이다.

GS이숍에서는 인공지능 쇼핑 도우미인 〈샤피(Shoppy)〉가 활용되었다. 〈샤피〉는 자연언어 처리 기술을 채택해 고객의 각종 질문에 간단한 농담을 건네는 것은 물론, 오프라인 매장의 도우미 못지않은 역할을 수행했다.

이를테면 〈샤피〉에게 "10만 원 이하의 S사 청소기를 권해 줘."라고 입력하면, 관련 상품 정보와 매장, 소비자평 등을 상세히 알려 준다. 또한 적립금이나 쿠폰, 주문 내역, 배송 정보에서부터 고객이 자주하는 질문과 답변에 대한 검색 등을 기본 채팅 기능으로 처리한다. 이밖에도 실제 도우미를 방불케 하는 상황별 인사말은 물론 운세 보기와 시계, 계산기 같은 부가 기능을 갖추고 있다.

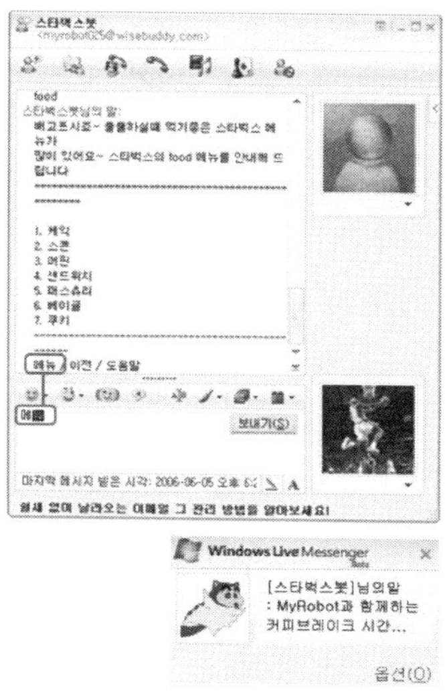

[그림 7] 〈아이버디〉의 예

〈샤피〉는 고객센터 상담원 못지않게 친절하고 유용한 기능을 제공함으로써 소비자들에게 훌륭한 가이드 역할을 해냈다는 평가를 받았다. 다음은 〈샤피〉의 예시 화면이다.

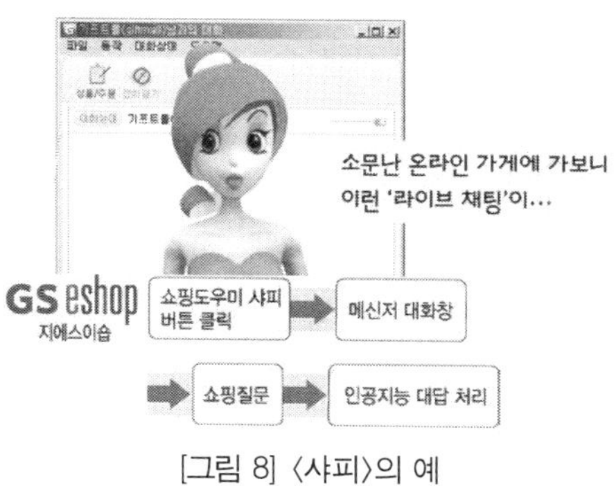

[그림 8] 〈샤피〉의 예

다음소프트가 운영하는 아우닷컴(www.aawoo.com)은 채팅로봇 〈아우〉가 홈페이지 방문객을 실시간 응대하는 '대화형 홈피'를 구현했다. 사용자가 원하는 이미지, 동영상, 텍스트 등 다양한 방식의 콘텐츠를 수집 혹은 제작해 블로그를 운영하면서, 자신의 개성을 담은 '아우'라는 인공지능 에이전트를 통해 방문자들과 언제나 대화를 나눌 수 있는 것이 가장 큰 특징이다.

아우닷컴은 그동안 댓글 수준에 머물렀던 블로그의 커뮤니케이션 방식을 인공지능을 통한 24시간 실시간 채팅으로 발전시켰다는 평가를 받았다. 아우닷컴은 채팅로봇을 검색 서비스와 연계시켜 대화 중심의 커뮤니티 포털을 만든다는 계획을 발표하기도 했다. 다음은 〈아우〉의 예시 화면이다.

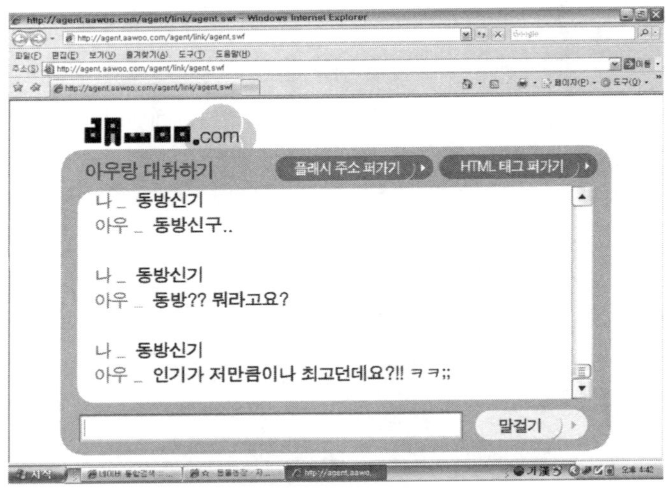

[그림 9] 〈아우〉의 예

마지막으로, SK텔레콤의 〈1mm〉는 휴대전화 환경에서 무선 인터

넷 이용을 돕는 채팅로봇이다. 휴대전화 화면에 상시 대기하는 인공
지능 캐릭터가 고객의 심리 상태와 취향을 파악해서 적합한 서비스
를 찾아 접속해 준다.

예컨대 고객이 "심심하다."고 말을 걸면 〈1mm〉가 유머 관련 사이
트로 안내하는 식이다. 이 시스템은 특히 10~20대가 쓰는 채팅 용어
를 자유롭게 구사한다. 이야기를 하다 보면 진짜 사람과 대화하는 것
처럼 느껴질 정도이다.

기존 서비스가 휴대전화 무선 인터넷 접속을 편리하게 하거나 한
번 설정된 정보를 다시 보여 주는 데 그쳤다면, 〈1mm〉는 사용자
의 감정 상태나 기호를 미리 파악해서 사용자에게 맞춤한 정보와
서비스를 실시간으로 제공한다는 데 가장 큰 차이가 있다. 다음은
〈1mm〉의 예시 화면이다.

[그림 10] 〈1mm의 예〉

이와 같은 선행 연구들을 종합적으로 검토해 보면, 사용자의 의도
를 분석하여 이를 바탕으로 자연스럽게 대화할 수 있는 시스템을 구
현하기 위해서는 다음 세 가지의 요소가 반드시 포함되어야 한다는

사실을 확인할 수 있다. 첫째, 사용자의 요구 및 실제 대화를 분석하는 작업이다. 둘째, 사용자의 의도를 분석하기 위한 화행 연구이다. 셋째, 학습과 추론이 가능한 사실 지식베이스 구축이다. 이 세 가지의 연구 과정이 모두 필요하다고 판단하고, 이에 따라 제반 연구를 수행하였다.

1.3. 사용자 의도분석에 기반한 인공지능 대화시스템의 개발 필요성

전산언어학은 물론 자연어 처리와 인공지능 분야에서 자연언어 인터페이스에 기반한 인간 대 컴퓨터의 대화시스템 연구가 진행되어 왔으나 아직까지 매우 제한적인 형태의 시스템을 구현하는 데 그치고 있다. 인간과 컴퓨터의 제약 없는 의사소통을 가능케 하는 지식의 표상은 여러 학문 분야의 공통된 연구 목표 중의 하나가 되었다.

현재 문화콘텐츠 산업을 주도하는 각종 인터랙티브 스토리텔링 기반 게임에 적용되고 있는 대화시스템은 사용자가 대화를 능동적으로 주도하지 못하고, 키워드 입력이나 대화창 클릭과 같은 소극적 대화 진행 방법에 따라 일방적으로 컴퓨터의 대답을 수용하는 형식을 취하고 있다. 이러한 문제를 극복할 수 있도록 인공지능 대화시스템의 구현에 대한 요구가 증대되고 있는 실정이다.

인터랙티브 스토리텔링에 기반한 게임 중에서 가장 대표적인 것이 MMORPG(Massively Multi-player Online Role Playing Game, 다중 접속 온라인 역할게임)[1]인데, 이는 이미 방대한 상업적·문화적 가치를 획득하고 있다. 날마다 수많은 사용자들이 이 게임에 접속하여 게임 내의 가상 세계 속에서 사용자와 사용자, 그리고 사용자와 NPC 사이에서 이루어지는 인터랙티비티에 몰입하고 있다.

인공지능 대화시스템은 게임의 인터랙티비티를 활성화하고, 사용자와 NPC 사이에서 인간 대 인간의 대화에서 느낄 수 있는 친밀감과 정서적 교감을 얻는 데 중요한 기제로 작용할 수 있다. 그러나 현재 게임에 적용된 키워드형의 대화시스템들은 이러한 역할을 제대로 수행하지 못하고 있다. 따라서 사용자의 요구를 충족시킬 수 있는 사실적 커뮤니케이션이 가능한 대화시스템의 연구와 개발이 시급하게 요청되는 것이다.

게임에서 대화는 기본적인 정보 전달 수단일 뿐만 아니라 게임의 진행과 관련하여 스토리텔링의 한 요소가 된다. 특히 대화를 통해 게임을 풀어 나가는 대화형 어드벤처 게임에서 대화는 커뮤니케이션 그 이상의 역할을 한다. MMORPG에서도 퀘스트의 발생과 문제 해결에 대한 정보 제공의 역할을 수행한다. 특히 게임 속 NPC와의 대화는 몰입을 유도하는 매우 중요한 요소이지만, 현재까지는 기존에 마련된 게임 시나리오에 근거하여 패턴에 의한 단조로운 이벤트 형식으로 구성되어 왔을 뿐이다.

사용자와 NPC 간의 대화 형태가 사용자의 상태나 감정 변화에 반응하지 못하는 일방적인 정보 전달 구조이기 때문에 사용자는 게임을 진행하면서 지속되어 온 몰입의 상태를 더 이상 유지하지 못하게 된다. 몰입의 경계선이 무너지면 사용자는 급격한 속도로 현실 세계

---

1. MMORPG는 인터넷과 같은 온라인 환경에서 동시에 수천명 이상의 참가자들이 진화하는 가상 세계에서 역할을 수행하는 게임으로 정의된다(이경전, 2005:36).

에 대한 자각의 과정을 거치며 이 결과로 게임에 대한 흥미와 호감을 잃는 것이다. 게임에서 실시간 대화시스템이 중요한 이유가 바로 여기에 있다.

지금까지 개발된 〈ELIZA〉나 〈MegaHal〉, 〈Julia〉 등의 대화시스템을 적절히 게임시스템에 응용한다면, 일반적인 게임시스템에서 한 단계 발전된 형태의 대화시스템 혹은 캐릭터시스템을 개발할 수 있을 것이다. 즉, 제한된 패턴 내에서 사용자의 질문에 답하거나 대화의 의도와는 상관없이 일방적으로 정보를 전달하는 형태의 대화시스템에서, 어느 정도 지적 능력을 갖춘 NPC로 발전한다는 것이다. 이를 통해 게임 사용자는 좀 더 현실과 같은 사실 체험을 할 수 있게 될 것이다.

이러한 맥락을 고려하여, 사용자 의도분석에 기반한 인공지능 대화시스템의 개발 필요성을 세 가지로 요약하여 제시하면 다음과 같다.

첫째는, 전산언어학에서 인공지능 대화시스템 연구의 중요성이다. 인공지능 대화시스템의 개발은 인간 언어 능력을 거의 완벽한 수준으로 모사하는 것을 요구하는 어려운 과제 중의 하나이다. 다층적인 인간의 언어 지식을 이해하는 일 자체도 어렵지만 이를 논리적 표상으로 재현하는 것도 쉽지 않기 때문이다.

언어의 생성과 이해를 다루는 전산언어학은 어휘론, 형태론, 통사론, 화용론, 언어심리학 등의 언어학적 기초를 바탕으로 발전해 왔다. 형태소 분석기와 구문 분석기를 이용하여 사전에서 단어를 검색하여 적형성에 부합하는 문장을 생성하는 일은 생성문법(Chomsky, 1957, 1965)의 문장 생성 이론에 기반을 두고 있다. 결과적으로 옳다고 판명되는 어떤 한 유형의 문법기술을 완성하기 위해 이론언어학은 '잠재적인 인간의 언어능력'이라고 생각되는 '보편성'을 찾아 왔다. 이러한

'보편성'을 획득한 문법으로 구성되어 있는 논리적인 산물이 언어라면, 처치-튜링 논리에 따라 인간이 사용하는 자연어도 컴퓨터로 모형화하여 실행시킬 수 있다는 것이 전산언어학의 기본 전제이다. 따라서 인간과 가까운 발화를 출력하는 자연어 대화시스템의 구축은 전산언어학의 발달을 향해 나가는 과정이면서 동시에 통사론, 화용론 등의 이론언어학이 추구해 왔던 목표를 달성하는 과정이 될 수 있다.

둘째는, 인터랙티브 스토리텔링 산업에서 인공지능 대화시스템에 대한 요구가 절실한 상황이라는 점이다. 인터랙티브 스토리텔링은 컴퓨터와 사용자 간의 상호작용이 전제된 커뮤니케이션을 뜻한다. 따라서 인터랙티브 스토리텔링 산업은 컴퓨터와 인간 사이의 의사소통을 매개로 하는 모든 산업 분야를 가리킨다. 상품 판매나 교통 정보 제공 등 실용적 목적의 대화시스템 개발이 시도되고 있지만 아직은 초기 단계에 불과하다. 현재 가장 활발하게 대화시스템을 이용하는 분야는 온라인 게임 산업이다.

국내 온라인 게임 시장의 규모는 2009년 기준으로 3조 4,171억 원, 게임 산업 수출액은 14억 9,000만 달러로 전년 대비 각각 26.9%, 35.8%의 증가율을 기록했다(이대호, 2010). 게임 산업은 이처럼 대한민국의 지식 기반 핵심 산업으로 빠르게 성장하고 있다. 인터랙티브 스토리텔링은 게임 사용자들에게 무한한 상상력의 원천이면서 동시에 게임을 즐길 수 있도록 도와주는 중요한 수단이다. 그러나 지금까지의 게임들은 사용자와 시스템 사이의 자연스런 인터랙티비티를 제대로 제공하지 못했다. 이를 극복하기 위하여 현재 게임 산업의 주류를 이루고 있는 MMORPG에 대중성과 흥미성, 몰입성 등을 아우르는 엔터테인먼트적 요소를 증가시킬 수 있는 방법을 모색하는 작업이 계속되어 왔다.

이런 상황을 고려할 때 인터랙티브한 쌍방향적 커뮤니케이션을 통하여 사용자의 다양한 참여 의식을 높이기 위한 방법적 모색 중의 하나로 사용자와 시스템 사이의 대화 능력을 제고할 수 있는 기술 개발에 주목하는 것은 당연하다.

MMORPG에서의 대화는 일반적으로 반복적인 퀘스트(Quest: 사용자에게 주어지는 임무)의 수행으로 이뤄지는데, 대부분의 게임에서 NPC와 사용자 사이의 커뮤니케이션에는 많은 문제점이 있는 것으로 파악된다. 특히 처음으로 온라인 게임에 접속한 사용자들은 NPC로부터 충분한 정보를 얻을 수 없기 때문에 게임에 쉽게 적응하기 어려운 부분이 있으며, 이는 현재 게임 산업의 시장 확대에 매우 큰 부정적 요인으로 작용하고 있다.

지금까지 가장 성공적인 게임으로 손꼽히는 〈리니지〉나 〈디아블로〉 그리고 〈마비노기〉와 같은 게임들은 사용자와 시스템 사이의 원활한 인터랙티비티를 보장해 주는 스토리텔링 자체가 게임의 성공에 얼마나 큰 영향을 끼치는가를 잘 보여 주는 예이다. 결국 인터랙티브 스토리텔링 산업에 인공지능 대화시스템을 적용하는 것은 사용자와 시스템 사이의 상호성 및 친밀성을 제고하는 매우 중요한 기제가 된다는 것이다.

셋째는, 인공지능 대화시스템에서 사용자 의도 분석 연구의 필요성을 주목해야 한다는 점이다. 인공지능 대화시스템 연구의 핵심 과제는 인간의 언어 능력 및 언어 지식을 모의함으로써 인간의 언어를 최대한 효율적으로 구사하는 모형을 제안하는 것이다. 그러나 사용자의 발화 의도를 파악하지 못한 채 사용자의 질문에 단순 일치하는 문장을 찾아서 보여 주도록 설계된 기존 방식의 대화시스템으로는 인간적인 대화 방식의 구현을 기대할 수 없다. 사용자가 제공한 정보나 질의가 시스템이 예상하지 못한 내용으로 이루어져 있을 경우에 기존의 대화시스템들은 선행 발화만을 똑같이 반복해서 내놓는 '기계적인' 약점을 노출하고 만다. 따라서 인공지능 대화시스템에서 시급히 해결해야 할 과제는 사용자의 발화 의도를 최대한 정확하게 분석해 내는 일이다. 사용자가 대화시스템을 통해 실제 인물과 대화하는 것처럼 '인간적인' 느낌을 받기 위해서는, 무엇보다 사용자의 기본적인 의도와 감정을 정확히 분석할 수 있어야 한다는 것이다.

그런데 사용자의 발화 의도는 대화의 외형적 형식에 직접적으로 나타나지 않고 우회적인 경로에 담겨 있는 경우가 흔하다. 이 경우 사용자의 의도를 제대로 파악하기 위해서는 대화 내용뿐 아니라 대화가 이뤄지는 환경과 대화의 문맥 정보를 분석해야 한다. 이 연구에서 인간 대 인간, 인간 대 컴퓨터 사이에서 이뤄지는 화행 유형을 조사하여 합리적인 분류 체계를 제안하고, 게임 내에서 이뤄질 수 있는 화행 유형 및 그 표지를 분석하려는 것은 바로 이 때문이다. 따라서 자연어 대화시스템에 내장된 화행 분석기를 통해서 사용자가 입력한 문장을 분석하여 외형적 형식으로부터 사용자의 의도를 정확히 분석해 내는 작업이야말로 현 단계의 인공지능 대화시스템에서 가장 시급히 요청되는 연구 과제라고 할 수 있다.

다만, 대화시스템 개발 시 반드시 고려해야 할 사항들도 있다.

첫째, 대화시스템의 적용 범위 문제이다. 게임이 대화 자체에 목적을 두는 것이 아니라면, 제한된 내용에서의 사실적인 대화에 국한하는 것이 적절할 것이다(최영미·강신진, 2008:57). 과도한 기술을 적용하기보다는 게임의 재미 창출이라는 목표를 충족시킬 수 있는 최적화된 인공지능 대화시스템 기술을 적용하는 것이 중요하기 때문이다.

둘째, 의도적으로 게임 플레이에 배치한 NPC를 제외하고는 게임

플레이의 진행에 문제가 되는 캐릭터를 만들어서는 안 된다는 점이다(최삼하·김경식, 2005:45-46). 몇몇 중요한 캐릭터에만 이 시스템을 적용하거나 적용 수준을 잘 조절할 수 있어야 한다는 것이다.

셋째, 시스템에서의 언어내용적 특성도 고려해야 한다는 점이다. 대화시스템에서의 대화는 목적지향 대화라는 특성을 띤다(조은경·서정연, 2005:78). 따라서 대부분의 사용자는 대화시스템의 응답 수준을 고려한 협조적 사용자이기 마련이다. 사용자가 과제 중심적인 목적을 달성하기 위하여 시스템과의 대화를 협조적으로 이뤄 나가기 때문에 복잡한 발화나 은유적인 표현, 또는 지나친 추론을 요하는 불명확한 표현은 사용하지 않는 것이 낫다는 것이다.

마지막으로, 이상과 같은 특성을 지닌 실시간 대화시스템을 게임 개발에 실제로 적용할 수 있는 기술적인 해결 방법, 그리고 게임 디자인 과정에서의 구체적인 설계 방식과 툴 개발 방안 등도 종합적으로 고려해야 할 것이다.

2

대화란 무엇인가

인공지능 대화시스템 연구

2

대화란 무엇인가

2.1. 대화의 개념과 구성

대화란 언어를 사회적으로 사용하는 한 방법으로 다른 사람들과 함께 '말로써 일을 하는' 행위이다(Mey, 1996:217). 사회 공동체에서 대화는 사람들이 관계를 형성하고, 유지하고, 변화시키기 위한 필수적 행위이며, 이 관계는 다시 대화의 본질에 영향을 미친다. 대화에는 사람들이 상호 공유하고 있는 체계와 행동의 구성 규칙이 존재한다. 이는 오랜 세월을 거쳐 사람들의 반복적인 습관에 의해 관습적으로 행해지거나 제도적인 장치에 의해 학습된다.

한 개인은 자신이 속해 있는 시간·공간적인 환경, 상대방과의 관계 및 역할, 대화의 목적 등 다양한 상황 맥락에 따라 사회 제도적 규칙을 객관화 또는 주관화하며 이 규칙들을 기반으로 행동한다. 규칙은 기본적으로 참여자들이 어떠한 상황에 처해 있는가, 그 상황에서 서로가 달성하고자 하는 목적이 무엇인가, 이를 위해 어떠한 전략을 사용하게 될 것인가 등을 반영하여 적절하게 선택된다.

대화가 이루어지는 과정에서 참여자들 사이에 암묵적으로 용인하고 있는 대화의 원리가 있다고 가정한 Grice(1975)에서는 참여자들 간에 협력의 원리가 존재한다고 제안하였다. 대화의 협력 원리는 대화에서 참여자들이 암묵적으로 지켜야 할 사항으로, 네 가지의 격률로 구분된다.

- 양(quantity)의 격률
    ① 대화에 당신이 기여하는 몫을 필요한 만큼 제보하라.
    ② 대화에 당신이 기여하는 몫을 필요 이상으로 제보하지 말라.
- 질(quality)의 격률
    ① 당신이 믿가에 틀렸다고 생각하는 것은 말하지 말라.
    ② 당신에게 적절한 증거가 없는 것은 말하지 말라.
- 관계(relation)의 격률
    ① 대화에 당신이 기여하는 몫을 적절한 것이 되도록 하라.
- 방법(manner)의 격률
    ① 모호함을 피하라.
    ② 애매함을 피하라.
    ③ 간결하게 말하라.
    ④ 순서에 맞추어 말하라.

이 네 격률은 화자와 청자 상호 간에 '체면(Goffman, 1967)'을 유지하기 위해 위반되는 경우가 많다. Brown & Levinson(1978)의 연구에서는 체면을 두 가지 차원에서 논의한다. 적극적인 체면은 자립적, 독립적 주체로서 한 사람의 신분을 확인시켜 주는 것을 의미하고, 소극적인 체면은 한 사람이 외부의 간섭이나 부당한 외부 압력으로부터 벗어나 있음을 강조하는 행위를 의미한다.

누군가 지갑을 놓고 와서 상대방에게 돈을 빌려야 하는 상황이라면 직접 화법을 사용하여 "돈 빌려 줄 수 있어요?"라고 발화행위를 하기보다 "오늘 지갑을 놓고 왔는데, 저녁에 중요한 약속이 있네요."라고 간접적으로 발화행위를 할 가능성이 높다. 전자는 상대방이 직접적으로 수락하거나 거절을 해야 하는 상황에 처해 부담감을 느낄 수 있지만 후자는 상대방에게 분명한 행위를 요구하고 있지 않기 때문에 상대방의 체면에 위협을 가하지 않는다.

우리는 자신과 상대방의 체면을 유지하기 위해 많은 언어적 장치들을 사용한다. 명령문 대신 청유문이나 의문문을 사용하기도 하며, 의도를 드러내기 전에 보조적으로 서로의 상황을 탐색하는 질문을 던지기도 한다. 또한 '좀'과 같은 부사를 사용하여 완곡하게 표현하기도 하고, '글쎄, 고민해 볼게' 등과 같이 즉답을 피하는 방법을 사용하기도 한다.

실제 대화상에서 Grice(1975)의 협력 원리는 위반되는 경우가 많은 것이 사실이다. 그럼에도 불구하고 화자와 청자는 암묵적인 규칙 또는 원리를 상호 공유한 상태에서 서로의 목적을 달성하기 때문에 이를 명시적으로 밝히는 작업을 해야 한다.

Thomas(1996:62)에서도 "사람들은 대화의 상호 작용에서 특별한 암시가 없는 한 일정한 규칙들이 작동하고 있다는 가정 하에 대화를 한다."고 주장한다. 예를 들어, 화자가 청자에게 질문을 하면 화자는 청자가 적극적으로 답변을 해 줄 것이라 기대하고, 청자는 화자가 적

절한 답변을 원하고 있다고 확신을 해야 적절한 대화 진행이 이루어
진다고 가정하는 것이다.

Sperber & Wilson(1986)의 적합성 이론은 화자와 청자의 '공동 목
표'와 '상호 지식', '상호 공유된 전제' 등을 성공적인 의사소통을 위한
중요한 요인으로 다룬다. 화자와 청자의 상호 간에 인지적 환경을 확
대시키는 일을 의사소통의 목적으로 보기 때문이다. 성공적으로 의
사소통을 하는 사람은 정보를 전달하거나 설득하거나 상대방을 믿
게 하는 등의 자신의 의도를 자기 자신뿐만 아니라 상대방에게도 분
명하게 전달할 수 있어야 한다는 관점을 취한다.

적합성 이론은 Grice(1975)에서 제안한 대화의 협력 원리와 달리 화
자의 역할에만 초점을 두는 데서 나아가 대화의 영역에 청자의 역할
을 포함시켰다는 데 의의가 있다. 또한 표면적인 언어 형태에서 벗어
나 화자와 청자의 인지적인 환경에 관심을 두고 논의를 진행한 데 의
의가 있다. 그러나 구체적으로 화자와 청자가 상호작용하는 기제를
밝히지 못하였으며, 인간의 인지 활동을 컴퓨터의 정보처리와 경제
학 용어에 비유한 채 대화가 이루어지는 사회 맥락을 고려하지 않은
한계를 지닌다.

화자와 청자의 상호작용이 대화를 진행시키는 기본적인 원동력이
므로 이 둘의 인지적 환경과 더불어 일정한 사회적, 제도적 맥락을 조
건적 범주로 고려해야 한다. 한 공동체의 화자는 발화수반행위가 어
떠한 조건에서 성공적으로 실현될 수 있는지에 대한 정보를 가지고
있다고 가정한다. 이 정보는 제도적 상황에 기반하여 실현되기에 참
여자들이 속해 있는 공동체의 활동 맥락을 파악하는 일이 요구된다.

이와 관련하여 Techtmeier(1984)는 대화의 차원을 매우 복합적인
목표 개념으로 파악한다. 이에 따라 대화는 ① 복합적인 활동 맥락에

포함되어 있으며 ② 최소한 두 사람 이상의 참여자, ③ 화자 교체, ④ 대화 주제라는 기본 자질을 갖추고 있는 것으로 규정하였다. 이 기본 자질을 바탕으로 대화의 유형을 ① 사회적 중요성과 대화 기능, ② 대화 참여자의 사회적 관계, ③ 대화의 영역, ④ 대화의 외적 상황 등의 네 가지 기준을 들어 분류하기도 하였다.

2.2. 대화에서의 의도와 화행

2.2.1. 대화의 의도

언어행위는 철학자나 언어학자의 머릿속에서 정리된 논리적 형태가 아니라 실제 언어사용의 상황에서 서로의 목적을 달성하기 위해 소통하는 참여자들에 의해 이루어진다. 화자는 청자와 상호 간에 공유하고 있는 의사소통 규범 내에서 청자에게 자신의 의도를 정확하게 전달하기 위한 장치들을 마련하고, 청자는 그 장치들을 해석한다. 이런 점에서 대화는 화자와 청자가 서로의 경험과 지식 등을 활성화하여 언어를 이용해 목적을 달성해 가는 협력적 활동으로 볼 수 있다.

대화는 언어행위의 관점에서 '의도성, 상호작용성, 사회적 목표 설정'이라는 세 가지 범주의 특징을 갖추고 있다. 우리가 속한 사회 맥락 내에서 의사소통의 목적을 실현하기 위해 화자는 청자에게 자신의 의도를 효율적으로 전달하기 위한 계획을 세우고, 그에 적합한 언어를 사용하여 발화한다.

다음으로 청자는 상호 공유한 맥락 내에서 화자의 의도를 파악하고, 자신의 지식과 경험을 활용하여 발화를 이해하는 과정을 거친다. 이 과정에서 의도는 화자와 청자가 상호 간에 공유하고 있는 사회적 맥락, 대화의 주제, 서로의 역할과 관계 등의 요소를 기반으로 파악할 수 있다. 이 요소들은 대화 참여자인 개인이 인지적으로 참조하는 지식 체계나 절차적인 전략 등과 상호 연관되어 있다.

지식 체계란 개인의 인지구조 안에서 정보의 조직화를 의미한다(Littlejohn, 1996:177). 아무리 단순한 메시지라도 정보를 이해하기 위해서는 많은 지식을 필요로 한다. 인지체계 안에서는 여러 조각의 정보들이 조직적으로 연관되어 있다. 이러한 조직적 패턴들은 대본(scripts)과 스키마(schemas)라고 불리며, 이것들은 사람들이 세상을 관찰하는 방법과 메시지가 지각되는 방법을 대체로 결정해 준다.

참여자들이 참조하는 지식 체계는 문법지식과 어휘지식, 텍스트지식 등을 포함한 '언어지식'과 전문 분야 지식이나 특정 정보와 관련된 지식을 포함한 '백과사전적 지식', 사회적으로 개인의 의도를 실현하기 위해 사용하는 도구와 수단 등을 포함한 '상호작용에 대한 지식'이 있다. 각 지식 체계는 한 개인의 머릿속에 구조를 이뤄 정보를 조직하거나 활용할 때 참조하는 저장고 역할을 한다.

상호작용에 대한 지식은 '한 낱말의 사용이 그 사용'이라는 관점으로 발화한 것은 곧 행하는 것, 활동, 행위라고 보는 견해와 관련되는 체계이다. 예를 들어, "여기는 더운 것 같네."라는 발화는 주어진 상황에 따라 화자의 의도가 다를 수 있으며, 청자는 화자의 의도를 다양하게 해석할 수 있다. 화자와 청자의 관계가 수평적인 관계라면 단순히 화자의 발화를 진술로 해석할 수 있다. 반면에 화자가 청자보다 나이가 많거나 지위가 높은 사람으로 수직적 관계가 형성된 상태에서 발화를 했다면 청자는 '창문을 열어라', '선풍기나 에어컨을 작동시켜라' 등 명령의 의도로 해석할 가능성이 높다.

정보가 처리되는 메커니즘을 의미하는 인지과정을 Hewes & Planalp(1987)에서는 상호 연결된 일곱 가지의 절차로 이해하였다. 첫 번째는 정보 특정 부분에 주목하는 과정(focusing)이다. 두 번째는 정보의 조각들을 관련된 것들끼리 서로 연결시키는 통합(integration) 과정이다. 이는 보고 들은 것들을 지식의 전반적인 조직 안으로 통합시키는 과정이다. 세 번째는 사람들이 관찰한 것에 기초하여 관찰하지 않은 것은 가정하는 추정(inference) 과정이다.

네 번째와 다섯 번째는 기억의 저장(storage)과 회상(retrieval) 과정이다. 지식구조는 미래에 사용할 수 있게 저장되고 적절히 회상되어야 한다. 저장과 회상 혹은 기억은 모든 다른 인지과정에도 필수적이다. 여섯 번째와 일곱 번째는 선택과 이행, 혹은 이들의 통합과정이다. 선택(selection)은 한 개인의 목록에서 행위를 선택하는 것이고, 이행(implementation)은 선택된 행위에 따라서 행동하며 이를 실행하는 것이다.

개인의 의미 영역은 대화 안에서 의도를 수반하여 다른 참여자들과 상호공유지식을 이끌어내기에 더욱 복잡해진다. 개인이 사용하는 언어는 의도를 전달하는 데 유용하다. 여기에서 참여자에 대한 정보나 상황 맥락은 의도를 추론하는 열쇠가 된다. 특히, 한 개인의 신념과 가치, 성향 등은 특정한 동기를 유발하는 요소로 작용하기 때문에 의도를 파악하는 데 필수적으로 참조해야 하는 정보이다. 이는 결국 참여자가 어떠한 방식으로 정보를 조직할 것인가를 예측하는 단서가 된다.

Osgood(1975)에서는 대화 참여자가 선택하는 의미를 측정 가능한 것으로 설명하였다. 의미를 측정하는 하나의 방법으로 의미 분별척도(semantic differential)를 사용하였다. 이 측정기법은 한 개인의 의미들이 단어의 사용에 의하여 표현될 수 있다는 점을 가정한다. 어떠한 자극 혹은 신호에 대한 개인의 함축적 의미를 표현하기 위해 사용된 형용사들에 초점을 맞춰 분석하는 기법이다. 형용사는 반대되는 것들로 이루어지는데, 예를 들어 좋은/나쁜, 높은/낮은, 느린/빠른 등으로 구분하여 다음과 같이 7점 척도 위에 표시한다.

좋은 ___ : ___ : ___ : ___ : ___ : ___ ___나쁜

화자는 단순히 지시할 대상물을 기술하기 위해서가 아니라 의도를 전달하기 위해서 메시지를 산출한다. 참여자들 사이에 의미 영역이 이미 공유되어 있을지라도 상대방이 알고 있는 내용을 모두 파악하기 어려우므로 자신의 관점에서 서로를 이해하게 된다. 이에 화자의 발화 의도는 정보를 전달하기 위한 의도와 그 정보를 이해하기 쉽게 전달하기 위한 의도로 구분할 수 있다.

2.2.2. 화행

언어의 다양한 해석을 가능하게 하는 언어 사용의 관점을 Austin(1962)는 언어 행위라고 한다. 언어를 기술하기 위해서는 다음의 세 층위를 고려해야 한다고 보았다. 첫째, '발화행위(locutionary act)'는 화자가 발화한 문장 자체를 의미한다. 둘째, '발화수반행위(illocutionary act)'는 발화를 통해 화자가 무엇을 의도하는지, 무엇을 야기해야 하는

지 말해준다. 가령 누구에게 경고하다, 누구에게 무엇을 요청하다, 누구에게 무엇을 약속하다 등 화자의 발화 목적에 해당한다. 셋째, '발화효과행위(perlocutionary act)'는 발화행위와 발화수반행위를 통해 청자에게 미치는 영향을 의미한다. 화자의 명령을 청자가 수행하거나 화자의 비난으로 청자가 화를 내거나 화자의 칭찬으로 청자가 기뻐하는 등의 청자 반응을 의미한다.

이 세 층위는 각각 차례대로 수행되는 것이 아니라 한 언어행위 내에서 동시에 수행되는 기능들을 서로 다른 층위에서 구분한 것이다. 어머니가 아이에게 "이 컵은 뜨거워!"라고 발화행위를 하였다고 가정하자. 어머니는 경고의 의도를 표현하기 위해 발화수반행위를 한 것이고, 이 말을 들은 아이는 주의를 기울여 컵을 만지지 않거나 식을 때까지 기다리고 있을 것이다. 아이의 행위는 어머니의 발화행위에 대한 결과 또는 반응으로 발화효과행위에 해당한다. 이 중 화자의 의도에 기반한 발화수반행위에 중점을 둔 언어적 기능을 '화행(speech act)'이라는 용어로 부른다.

Searle(1969)은 여러 가지 발화수반행위의 구성적 규칙 역할에 대한 적정 조건을 제안하였다. 이는 명제내용(propositional content), 예비조건(preparatory precondition), 성실성조건(sincerity condition), 기본조건(essential conditions)으로 이루어진다. 이러한 적정조건을 기반으로 Searle(1969)은 우리가 말을 하여 행할 수 있는 기본적 행동으로 다섯 가지의 화행 유형을 제시하였다.

○ 단언행위(representatives): 화자는 표현된 명제의 진리치에 대하여 단언한다.(단언, 결론 등)
○ 지시행위(directives): 화자가 청자에게 무엇인가를 하게 하려고 시도

한다.(요청, 질문 등)

- 언약행위(commissives): 화자에게 미래 행동에 대한 책임을 갖게 한다.(약속, 위협, 제의 등)
- 정표행위(expressives): 심리적 상태를 표현한다.(생각, 사과, 환영, 축하 등)
- 선언행위(declarations): 제도적 상황의 즉각적인 변화를 야기시키며 정연한 언어외적 제도에 의지한다.(제명, 선전포고, 세례, 명명, 해고 등)

대표적인 화행 분류 방식으로는 Austin(1962)과 Searle(1969) 외에 Fraser(1974), Katz(1977), Leech(1983) 등을 들 수 있다. 이들이 제시한 화행의 유형은 [표 1]에서 확인할 수 있다. 왼쪽은 화행의 분류 체계이고, 각 연구에서 제시한 화행은 해당사항에 'O' 표시를 하였다.

화행 기능	연구자	Fraser (1974)	Katz (1977)	Leech (1983)
권위행사행위 (exercising authority)		O		
단언행위 (representatives)	단언행위1	O		O
	단언행위2	O		
명세행위(stipulating)		O	O	
선언행위(declaration)				
언약행위(commissives)		O		O
요청행위(request)		O	O	
의무행위(obligatives)			O	
정표행위(expressives)			O	O
제안행위(suggest)		O		
지시행위(directives)				O
질의행위(rogative)				O

화행 기능 \ 연구자	Fraser (1974)	Katz (1977)	Leech (1983)
충고행위(advisives)		O	
판정행위(verdictives)			
평가행위(evaluating)	O		
평서행위(expositives)		O	
행사행위(exercitives)			
행태행위(behabitives)			
허가행위(permissives)		O	
화자태도반영행위 (reflecting speaker attitude)	O		

[표 1] 화행 분류

한국어를 대상으로 한 화행 유형 분류는 박영수(1981), 장석진 (1987), 이성영(1994), 서상규·구현정(2005), 이준희(2005) 등에서 다양하게 시도되었다. 이 중 이준희(2005)의 경우, 외국 학자들의 분류를 참고하여 한국어의 화행을 인간의 감성적 사고를 중심으로 하는 주관적 화행과 이성적 사고와 관련된 객관적 화행으로 나누어 제시하였다. 이러한 접근법은 과제 수행 목적 대화와 일상생활과 관련된 대화의 두 유형을 고려할 때 유용한 분류 체계로 활용할 수 있다. 다음으로 서상규·구현정(2005)의 연구는 대학생의 대화 말뭉치를 중심으로 화행 분류를 시도하여 실제 대화 상황에 적용하기에 적합한 화행 분석의 기준을 세우는 데 도움을 준다.

발화수반행위에 드러난 화자의 의도를 중심으로 '경고, 요청, 약속' 등의 화행을 구분한다. 대부분 화행은 화자의 '의도'를 반영한 발화의 최소 단위라고 보는데, 발화수반행위의 실현 조건을 체계적으로 제시하는 일이 요구된다. 발화수반행위는 '의도'뿐만 아니라 '발화, 조건, 결과'라는 범주적 속성에 의해 실현된다(Motsch·Pasch, 1987; Motsch, 1987).

- ◉ 발화: 어떤 시점에 구체적인 음운적, 통사적, 의미적 구조를 갖춰 발화한 언어 표현이다.
- ◉ 의도: 발화를 통해 일정한 목적을 달성하려는 화자의 의도이다. 화자는 선택한 목적을 실제로 달성하고자 노력하며, 다른 목적에 비해 선호하고, 달성할 가능성이 있다고 확신해야 한다.
- ◉ 조건: 발화수반행위가 성공적으로 수행되기 위해 발화가 산출되는 상황에서 충족되어야 하는 유한한 수의 조건이다.
- ◉ 결과: 특정한 발화수반행위가 수행되어 일어날 수 있는 결과의 집합이다.

의도라는 범주는 언어행위의 의도성을 명시적으로 나타내주며, 화자의 의지를 반영한다. 화자의 의도는 일차적으로 발화행위의 문장 서법, 어순, 부사어, 억양 등 언어적인 특징으로 드러나고, 이차적으로 화자와 청자의 관계, 의사소통 목적, 상황 맥락 등이 변수로 작용한다. 이에 언어적인 형태와 화자의 의도는 일 대 일로 대응하지 않는다. 우리는 실제 대화 상황에서 서로의 체면을 유지하기 위해 직접 화법보다 간접 화법을 많이 사용하기 때문이다. 문법적으로 명령문은 명령 또는 요청의 기능을 하고, 의문문은 질문 의도를 포함하고 있으나 화자는 평서문을 사용하여 간접적으로 명령 또는 요청을 하는 경우가 많으며, 질문을 위해 청유문, 평서문 등을 다양하게 사용한다.

간접 화법으로 이루어지는 화자의 발화행위는 언어 형식으로 표현되지 않지만 실제 언어 사용에서 묵시적으로 청자에게 전달하는 중요한 의미를 함축(implicature)한다. 대화상의 함축은 통사규칙이나 의미규칙으로 파악되는 것이 아니다. 일상적인 대화에서 우리는 종종 명확하게 발화하지 않고 단지 발화를 통해 함언(implication)함으로써 명제를 전달한다. 때때로 우리는 명시적으로 말해진 언어를 대화의 원리에 적용하여 추론 과정을 거친다. 대화의 함축은 이 과정 안에서 일어나는 기제 중 하나이다(Bilmes, 1986:27).

일상적인 대화에서 발생하는 추론이 오류 없이 도출되기 위해서는 사회의 공동체 구성원이 합의하는 맥락과 대화상에 존재하는 맥락, 화자의 발화 의도에 의해 역동적으로 변화하는 맥락 등에 기반한 대화상의 함축을 해석해야 한다.

함축은 화자와 청자의 개인적인 언어 사용과는 무관하게 사회 맥락 내에서 고정적인 의미를 지닌 고정함축(conventional implicature)과 대화의 참여자와 상황 맥락, 주제, 목표 등에 의해 역동적으로 발생하는 대화함축(conversational implicature)으로 구분된다. 고정함축은 관습적으로 사용되는 데 반해, 대화함축은 대화 참여자들이 상호 협력하는 가운데 실제 말해진 내용 이상의 의미를 무한하게 창조할 가능성이 있다. 이에 화자와 청자는 실시간으로 발생하는 대화의 맥락을 끊임없이 상호 공유하고, 서로의 대화에 협력적으로 참여하여 의도를 전달할 때 대화함축의 의미를 정확하게 해석할 수 있다.

대화의 함축을 고려하여 화행을 정교하게 분석하기 위해서는 의사소통적·화용론적 층위, 의미론적·주제적 층위, 문법적(통사론적) 층위의 구분이 필요하다(Brinker & Sager, 2009:82).

의사소통적·화용론적 층위에서는 대화구성 단위(순서, 인접쌍, 단계)의 행위적 특성을 기술한다. 이와 같은 기술은 대화구성 단위가 각 대화의 토대를 이루는 행위계획에 여러 부분목표와 함께 적용되면서 이루어진다. 의미론적·주제적 층위에서는 개별 주제 부분에 표현된 부분 내용으로 이루어진 대화내용의 구조를 연구한다. 문법적 층위에서는 연속되는 대화기여 사이에 성립된 통사적 결합관계가 파악된다.

이를 통해 화행의 유형을 정보 전달의 측면에서 언약, 지시, 질문, 진술 행위와 대화 진행의 기능적인 측면에서 인사, 호출, 감사 등의 행위로 대별할 수 있다. 여기에 세부적으로 화자의 감정적인 자질을 고려할 수 있는 분석 층위와 상황 맥락에 따라 청자 반응의 다양한 기능을 구체적으로 분석할 수 있는 기준이 마련되어야 한다. 감정을 이해하는 능력은 사회적으로 구성되는 것이기 때문에(Littlejohn, 1996:240), 객관적으로 정형화된 틀을 마련하여 분석의 범주에 포함시켜야 한다.

2.3. 인접화행의 유형과 대화 구조

2.3.1. 인접화행의 유형

대화의 연속체는 대화순서의 문법적 연결이나 주제적 연결만으로 이루어지는 것이 아니라 의사소통 상황과 그 상황에 따른 기능으로 규정된다. 대화의 참여자들이 사이에서 발화 순서 교대(turn-taking)가 이루어져 연속체를 이루면 행위맥락을 구성한다. 이 행위는 비난, 약속, 요청 등과 같은 화행 유형으로 구분한다.

화행 유형은 화자가 추구하는 의사소통 의도(illocutionary point)에 의해 정해질 뿐만 아니라 대화의 과정에서 나타나는 위치에 의해서도 정해진다. 예를 들면 '요청, 부탁, 지시, 질문' 등의 지시적 언어 행위는 주로 시작행위에 속하고, 시작하는 대화 순서의 행위적 특정을 규정한다. 반면에 '감사, 사과' 등은 반응행위에 해당하여 연속체를 종결하는 데 사용된다.

시작행위의 유형은 관습적으로 특정한 반응행위와 결합되는 양상을 보인다. 이러한 반응의 잠재성은 상대방으로 하여금 대응하는 행동의 범위를 제한시킨다. 이에 화자의 비난 행위에 대하여 상대방은 '반박, 사과, 수용' 등의 반응 행위를 보이는 경우가 많다. 그러나 대화는 상황 맥락에 의존하여 역동적으로 이루어지는 행위이므로, 'x에 대하여 y가 정답'이라는 규칙의 문제로 볼 수 없으며, 단지 특정한 상황에서 어떠한 반응이 더 적절한가의 사용상의 문제로 인식해야 한다.

이에 대하여 Franck(1980:52-53)에서는 시작행위는 그 행위적 특성에 근거하여 상대방을 위한 특정한 '속행가능성의 체계'를 구축한다고 언급하였다. 예를 들어 비난은 인사(인사는 주로 답례인사로 대응)보다 더 많은 속행 체계의 가능성이 열려 있다는 것이다. 미국의 대화 연구(Schegloff, 1972:388-389; Schegloff & Sacks, 1973:295; Sacks·Schegloff·Jefferson, 1974:716-717)에서는 이러한 대화 순서의 기능적 관계를 '조건적 관련성(conditional relevance)'이라는 용어로 개념을 설명하였다. 인사는 답례인사와 같은 다른 행위의 유형을 유발시킨다. 즉 반응 행위가 관습에 근거하여 그 자리에 나오리라는 기대를 하는 것이다.

이 원리에 따라 결합된 서로 다른 화자의 두 행위 연속체를 '인접쌍

(adjacency pairs)'이라 부른다. 인접쌍은 '질문/답변', '인사/인사', '비난/사과' 등과 같이 인접하여 서로 의사소통적·기능적으로 반응을 제한하는 행위의 쌍이다. 인접쌍은 보통 하나의 시작화행에 대하여 하나의 반응행위로 이루어진 연속체이다. '조건적 관련성'의 원리는 관습적인 도식에서 벗어난 연속체는 특별한 의미를 획득하고, 경우에 따라서는 사회의 질서에서 벗어난 행위로 인식될 수 있다는 점을 내포한다. 예를 들면, 화자의 인사 행위에 대하여 청자가 반응을 하지 않거나 질문 행위에 대한 반응으로 비난을 하면 부자연스러운 대화가 진행되는 것이다.

Schegloff & Sacks(1973)에서는 인접쌍의 특징을 다음과 같이 설명한다.

- 인접해 있다.
- 서로 다른 화자에 의해 발화된다.
- 주는 말과 받는 말로 순서가 이루어진다.
- 유형화되어 있고, 특정한 주는 말에 대해서 특정한 받는 말로 답해야 한다. 예를 들어 주는 말이 '인사'이면 받는 말은 '인사'이어야 하고, 주는 말이 '질문'이면 받는 말은 '대답'이어야 한다.

관습적으로 시작화행에 대하여 특정한 반응화행을 기대할 수 있으나 실제 대화 상황에서는 다양한 상황 맥락으로 인해 인접쌍이 정형화되어 나타나지 않는다. 인접쌍 사이에 삽입 현상이 일어날 수 있으며, 인접쌍의 반응 화행에도 많은 변이형이 나타날 수 있다는 문제가 제기된다(Levinson, 1983). 또한 대화의 조건, 상황, 영역 등에 따라 인접쌍의 유형이 다르게 나타날 수 있으며, 시작화행에 대한 반응화행의 빈도가 달라질 수 있다.

서상규·구현정(2005)에서는 화자의 전망적 기능(the forward look-ing functions)에 의한 화행과 청자의 회고적 기능(the backward look-ing functions)에 의한 화행을 기준으로 분류하여 시작화행-반응화행의 인접쌍 유형을 분류하였다. 전망적 기능은 시작화행의 위치에서 호출행위, 진술행위, 지시행위, 언약행위, 표출행위, 선언행위 등이 포함되고, 회고적 기능은 반응화행의 위치에서 동의행위, 이해행위, 답변행위, 반응행위가 포함된다. 이를 다시 하위 유형으로 구분하였으며, 관계 중심적 대화와 과제 중심적 대화에서 나타나는 인접쌍을 제시하였다.

대화의 목적을 과제 중심적 대화와 관계 중심적 대화로 구분하여 대화의 연속체를 규정하기도 한다(박용익, 2001:152). 과제 중심적 대화는 기본적인 대화의 이동이 '시작→반응→의사 확인'의 삼원 연속체로 이루어지고, 관계 중심적 대화는 간단히 '시작→반응'의 이원 연속체로 이루어진다고 본다. 과제 중심적 대화 중 수업 대화의 경우에는 '(교사)질문→(학생)대답→평가'의 연속체를 이뤄 자연스러운 대화의 흐름이 이어진다. 반면에 일상적인 대화에서는 '인사→인사', '칭찬→감사'의 구성 요소를 이뤄 대화가 진행된다.

대화 연속체의 구성 요소는 항상 규칙적으로 이루어지는 것이 아니라 상황 맥락에 따라 복합적인 양상을 보인다. 이에 대화의 목적을 달성하기 위하여 보조적인 연속체가 본격적인 연속체의 앞이나 뒤에서 수행되기도 하며 완결되지 않은 연속체를 보이기도 한다. 대화의 목적을 달성하기 위한 본격적인 연속체 이전에 수행된 연속체는 주로 보조적 기능을 갖는 것으로 박용익(2001:153)에서는 '예비적 대화이동 연속체'라고 부른다.

이와 관련하여 한 대화의 연속체에서 화자는 대화의 목적을 달성하기 위해 자신의 발화 순서에 여러 개의 화행을 수행하거나 한 화행만을 수행할 수 있다. 화자가 여러 개의 화행을 수행한다면 그 중 어느 화행이 다음 화자의 발화와 상호 연관되어 인접쌍을 이룰 것인가의 문제를 해결해야 한다.

> A: 1) 실례합니다.
> 　　2) 여쭤볼 것이 있는데요.
> 　　3) 장비를 사려면 어디로 가야 하나요?
> B: 100미터 직진해서 오른쪽으로 가세요.

다음 예문을 보면, A 화자의 대화 목적은 장비를 사려면 어디로 가야 하는지 길을 묻는 것이다(3). 길을 묻기 전에 예의를 갖춰 인사를 하고(1), 대화를 요청한 의도를 밝힌다(2). 이처럼 하나의 대화 순서는 몇 개의 화행으로 구성될 수 있고, 여기에서 대화의 목적을 대표적으로 나타내는 화행을 '주화행'이라 하며, 주화행이 효과적으로 수행되기 위해 보조적인 기능을 갖는 화행을 '보조화행'이라 부른다(박용익, 2001: 162).

대화의 연속체를 발화의 기능으로 연결된 화행의 연쇄로 분석하기 위해서 기본적인 구조적 틀을 인접쌍으로 설정하기 위해서는 여러 개의 화행 중에서 무엇을 주화행으로 볼 것인지의 객관적 기준이 필요하다.

화자는 주로 자신의 대화 목적을 밝히기 전에 예비적 기능을 가진 표현들을 많이 사용한다. '잠시만, 실례지만, 좀' 등과 같은 간단한 표지부터 산책을 가자는 의도를 전달하기 위해 '오늘은 날씨가 참 맑다'

라는 예비적인 선행 발화를 하는 경우도 있다. 전자의 경우는 관례적으로 사용되고 있는 표지들이므로 말뭉치에서 용례를 찾아 정리할 필요가 있으며, 후자의 경우는 화자의 본격적인 의도가 어느 위치에서 오는지를 확률적으로 계산할 수 있는 방법을 고안해야 한다.

2.3.2. 대화 구조

대화는 복잡한 상호작용적 단위이며 여러 층위에서 구조를 이룬다. 대화의 구조는 전체 대화의 흐름 안에서 '시작↔핵심↔종결' 단계의 거시구조가 존재한다. 시작단계는 대화 상황과 관련된 생각을 점검하고, 상호 간에 대화할 준비를 갖추는 데 활용된다. 핵심단계는 대화의 주제를 다루고 대화의 목표가 본격적으로 달성하기 위한 과정에 해당한다. 종결단계는 성공적으로 달성된 대화의 목표를 확인하고, 참여자들이 마무리를 하는 과정이다. 만약 대화의 목표가 성공적으로 이루어지지 않았다면, 대화의 과정은 시작단계 또는 핵심단계로 다시 돌아가 원래의 목표를 수정하거나 참여자들이 대화의 전략을 조정할 것이다.

시작단계와 종결단계의 구조는 매우 관례적인 요소로 비교적 단순한 구조를 보이는 반면에 핵심구조는 대화의 상황에 따라 매우 복잡하게 구성되어 있다. 예를 들면, 상담대화, 전화대화, 토론대화의 경우에 시작과 종결이 상황과 목적에 따라 각기 다른 양상을 보이지만 그 안에서는 사회적으로 용인되고 있는 고정된 패턴이 보인다. 반면에 각 대화의 핵심단계는 참여자들의 관계나 개인의 성향, 또는 상황 맥락, 문제-해결의 성공 여부에 따라 매우 다양한 양상을 보인다.

기존의 연구에서 대화의 목표와 맥락과 관련하여 대화의 시작단계
는 다음과 같은 행위로 구분된다고 보았다(Heinemann & Viehweger,
2001:240).

- 교류를 조성할 목적으로 인사하기나 이름 부르기
- 대화참여자 규정하기 및 이들 사이의 관계 규정하기
- 본질적인 화자의 의도에 관해 서로 이야기하기(Steger, 1976)
- 의사소통의 인지도식에 관해 서로 이해하기(Kallmeyer & Schütze, 1976)
- 의사소통 의향 확인하기(Kallmeyer & Schütze, 1976)
- 상호작용의 양상 정하기(Kallmeyer, 1977)

대화의 시작을 나타내주는 단서로 '안녕하세요, 실례합니다, 여보세
요' 등의 단순한 표현을 찾을 수 있다. 이런 행위가 끝나는 지점부터
대화의 핵심단계로 본다. 위의 기능들 중 하나를 실행하면 필연적으
로 핵심단계에 이르게 되는 것이다.

대화의 종료를 나타내는 주는 단서도 마찬가지로 존재하는데, '지
금까지 ~에 대해 이야기했는데, 여기까지 오늘의 주제를 다루겠습니
다' 등의 메타의사소통적 발화나 '감사합니다, 수고하셨습니다, 안녕
히 계십시오' 등의 인사말을 예로 들 수 있다. 이러한 언어 현상들은
대화의 시작과 종결 단계의 경계를 명확히 규정할 수 있도록 돕는다.

Brinker & Sager(2009)에서는 대화종결은 핵심단계의 종결로 인식
하고 전화대화를 예로 들어 연속체의 유형을 분류하였다. 대화 참여
자 중 한 사람이 대화를 요약하고, 상대방은 확인반응(그래요, 좋아요
등)을 하면서 종결하는 '요약연속체', 감사/답례(동의, 감사)의 겸양을

표현하는 '감사연속체', 소망/권고(감사)의 행위를 하는 '소망연속체', 상호 간에 작별인사를 교환하는 '작별연속체'를 분류하였다. 대화종결의 방식은 변이형이 있어 감사연속체와 소망연속체는 생략될 확률이 가장 크며, 보통 특정한 대화상황 내지는 대화유형과 결합되어 다양한 양상을 보인다는 점을 지적하였다.

시작단계와 종결단계는 여러 대화의 유형에서 비교적 유사한 방식으로 진행되고, 상황적 조건이나 사회 영역과 관련된 조건에서 차이를 보인다. 이와는 달리 핵심단계는 유형에 따라 복합적이고 특수한 진행 과정을 보인다. 핵심단계가 실현되는 층위는 크게 주제 층위와 행위 층위로 구분하여 기술할 수 있다.

먼저 Schank(1977; 1981)에서는 '주제의 분절'에 대해 상세히 다루었다. 이 연구에서는 주제를 대화분석의 기본적 관찰단위로 다루어 주제 단락의 규정에 초점을 두었다. 주제 단락은 주제와 단일성에 대한 조건이 지켜지는 것, 즉 대화 참여자들이 주의하는 방향이 하나의 대상이나 사태에 일정하게 맞춰져 있는 것이 특징이다. 따라서 주제 단락은 '두 개의 주제변경 사이에 놓여 있는' 대화의 부분을 말한다. 주제 단락의 구분은 신호와 표현 행위에 의해 이루어진다. 이에 주요 주제와 하위 주제로 구분을 하여 초주제(Hyperthema, 핵심 주제)의 기능과 주제와 주제 단락 간의 서열화 관계를 분석할 수 있다. 그러나 주제의 분절 과정은 연구자의 관점에 의한 주관성이 개입되어 객관적인 절차를 제시하기 어렵다. Brinker & Sager(2009:155)에서는 핵심단계에서 주제 단락을 분할하는 작업은 이러한 문제점에도 불구하고 대화를 분석하는 데 중요한 기초를 이룬다고 지적하고 있다.

Schank(1977; 1981)에서는 행위층위에 포함될 수 있는 행동계획안을 제시하였다. 행동계획안은 '예측된 부분 목표들의 연속이며, 그 목표들의 실현을 지향하는 의도들의 연속이다. 이를 통해 현재 성립하고 있는 상태가 반사실적으로 추구되는 목표 상태로 전환되어야 하는 것'이라고 정의하였다.

대화유형은 각각의 특정한 행동계획안으로 구성된다. Schank(1977; 1981)의 연구는 짧은 전화상담을 예로 들어 '상담하기'라는 행동계획안의 기초적인 틀을 부분목표별로 제시하였다. 이런 대화에서는 피상담자의 부정적인 시작 상태를 긍정적인 목표 상태로 바꾸는 일이 중요한 과제이다. 시작상태에서는 피상담자의 문제가 드러난다. 피상담자의 부정적 상황을 긍정적 상황으로 전환시키기에 적합한 것으로 생각되는 행동 지시를 찾는 작업이 성공하는 경우에 목표 상태에 도달했다고 볼 수 있다.

- 피상담자에 의한 문제의 설명(PE)
- 상담자에 의한 피상담자의 상황 파악과 개인 신상 파악(PLR)
- 조언 구하기(RS), 다시 말하면 피상담자에게 필요한 행동 지시에 대한 공동작업
- (피상담자의 수용행위에 의한)조언의 수용성에 대한 검토(AK)

대화 참여자들(상담자와 피상담자)은 이러한 부분목표의 도움을 받아 행동계획안을 실현하고 목표 상태(피상담자를 위한 행동지시의 표현)에 도달한다. 여기서는 하나의 부분목표가 실현되는 핵심단계의 부분을 '부분단계'라 부른다. 행동계획안의 또 다른 요소로 '신뢰기반의 조성(VP)'을 성공적인 상담대화에 필수적인 전제조건으로 간주하였다. 이를 행동계획안 '상담학'과 통합하여 '프레임 행동계획안'으로 여기고 있다. Schank(1977; 1981)의 논의를 그림으로 나타내면 다음과

같다(진정근 역, 2009:157).

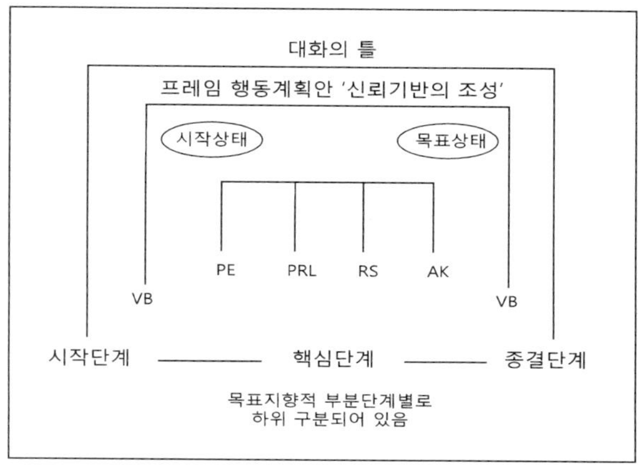

[그림 1] 대화의 틀

　동일한 하나의 부분목표는 한 주제단락에서 추구될 수 있고, 이어지는 여러 개의 주제단락에서 추구될 수 있고, 직접적으로 서로 결합되지 않은 여러 개의 주제단락에서 추구될 수 있다. 방법적인 관점에서는 (목표지향적) 부분단계로 분할하는 작업과 주제 분절을 관련시키는 것이 중요하다. 이에 대화 참여자들이 서로 다른 주제를 발의하는 경우 부분목표의 실현에서 세밀하게 파악될 수 있고, 이를 통해 목표실현과 주제처리의 복잡한 연관성에 대한 통찰을 얻을 수 있다. 대화의 유형에 따라 대화 참여자들이 공유하고 있는 행동계획안의 절차를 분석하고, 이에 따라 참여자들이 목표를 달성해 가는 과정과 이에 따른 언어 사용 전략을 분석할 필요가 있다.

　지금까지 살펴본 대화의 언어학적 개념과 원리를 다음 3장에서는 인터랙티브 매체에 적용하여 MMORPG에서의 대화 방식을 고찰한다.

3

인터랙티브 매체에서의 대화시스템:

MMORPG를 중심으로

인공지능 대화시스템 연구

인터랙티브 매체에서의 대화시스템:
MMORPG를 중심으로

3.1. 인터랙티브 매체의 개념과 대화

3.1.1 인터랙티브 매체의 개념

인터랙티브 매체는 인간과 상호작용이 가능한 모든 매체를 총칭한다. 과거의 매체들은 일방적인 '수용자'를 대상으로 하였지만 매체의 발달로 인하여 적극적 개입이 가능한 '사용자' 개념으로의 진화가 이루어지면서 현재의 매체들은 인터랙티비티(interactivity) 즉, 쌍방향적 상호작용성을 요구받고 있다.

특히 '인터랙티브(interactive)'라는 용어는 인터넷과 함께 등장[2]했으며, 제약 없는 공간에 대한 욕구가 실현될 수 있는 제반 환경을 갖추어 주었고 이 중에서 게임은 대표적인 인터랙티브 매체로 각광받게 되었다.

이러한 제반 환경의 변화는 인간과 컴퓨터의 상호작용을 연구하는 HCI(Human-Computer Interaction) 분야에서도 현재 집중적으로 다루어지고 있으며, 디지털 미디어의 가장 큰 특성인 인터랙티비티를 통해 텍스트의 내용을 직접 생산, 변화시킬 수 있고, 생산자와 소비자의 경계를 허물 수 있는 가능성으로 인식되기도 한다(이현진, 2009:129).

3.1.2 인터랙티브 매체에서의 게임 장르별 대화

현재 인간과 컴퓨터의 상호작용이 가장 많이 일어나는 매체가 바로 게임 분야이다. 게임 산업에서 흔히 일컫는 '게임 대화[3]'라는 용어가 나타난 게임 장르는 인터랙티브 스토리텔링 요소가 중심인 'RPG(Role playing game, 역할 수행 게임)'가 본격적인 출발이었으며, 이후, 캐릭터[4]와의 친밀도 상승이 주목적인 육성 시뮬레이션이 등장했

---

2. 1990년대에 인터넷이 등장하기 시작하면서 인터넷의 사용이 점차 증가하게 된다. 인터넷은 본래 2차 대전 종전 후 냉전 시대에 들면서 핵전쟁의 위협에서 정보를 보호하기 위한 수단으로 발전되었다. 주요 첩보 정보가 있는 장소가 핵공격을 당했을 때 발생하는 정보 손실을 최소화하기 위해 네트워크를 통해 정보를 각 지역으로 분산시킨 것이다. 이와 같은 배경을 통해 발전한 네트워크는 냉전이 끝나면서 군사적 목적보다는 상업적 목적으로 사용되기 시작한다. 인터넷을 사용할 수 있는 브라우저 네스케이프(Netscape)와 익스플로러(Explore)가 개발됨에 따라 전 세계적으로 퍼져 나가기 시작했다.

3. '게임 대화'라는 용어는 게임 산업 분야에서 널리 쓰이고 있었으나 이에 대한 정확한 정의와 연구는 없었다. 이 용어에 대한 언어학적인 접근과 논의는 이은희 외(2008:207)에서 다루고 있다.

4. 이 책에서는 좀 더 용어를 분명히 해두고자 한다. 후술하겠지만 일반적으로 말하는 캐

고 현재는 다수의 사용자들과 게임 속 캐릭터들이 가상세계에 접속하여 게임을 진행하는 형태인 MMORPG가 주를 이루고 있다.

게임 장르[5]	대표적 게임	특징
대화형 어드벤처	원숭이 섬의 비밀	게임 시나리오에 의해 준비된 텍스트형의 일정한 대사를 사용자가 선택하면서 게임 속 캐릭터들과 대화를 통해 수수께끼나 비밀, 이벤트들을 풀어나가는 게임.
TRPG	D&D 시리즈, MUD, 플라토	두 명 이상의 사용자가 중재자를 중심으로 역할 놀이를 하는 말판 게임의 종류. 사용자의 개성에 따라 다양한 시나리오를 진행할 수 있다.
RPG	울티마, 드래곤 퀘스트, 파이널 환타지 등	중세를 배경으로 사용자가 마법사, 기사 등의 역할을 맡아 퀘스트를 받아 진행하는 게임.
MMORPG	WOW(World of Warcraft), 리니지, 아이온, 마비노기 등	인터넷상에서 불특정 다수의 사용자가 실시간으로 게임 캐릭터의 도움을 받아 퀘스트를 수행하는 RPG의 일종.
육성 시뮬레이션	프린세스메이커, 데뷔, 러브 플러스 등	사용자가 하나의 대상을 정해 특정 시기까지 대상을 육성하는 게임.
연애 시뮬레이션	도카메키 메모리얼 시리즈, To Heart, 센티멘털 그라피티, 러브 플러스 등	육성 시뮬레이션에서 더 발전된 형태로 게임 캐릭터를 성장시키는 것이 아니라 그와 비슷한 방식으로 사용자가 게임 캐릭터의 관심도를 향상시켜 애인으로 만드는 게임.

[표 1] 게임 대화가 등장하는 장르의 특징

릭터는 사용자가 접속한 온라인 아바타 개념이 강하다. 그리고 NPC 캐릭터는 게임 시스템과 동일한 개념이며 사용자와 분리된 성격의 가상세계의 존재를 말한다. 하지만 게임에서는 장르마다 캐릭터의 성격이 다르며 육성 시뮬레이션의 경우, 애완동물의 성격으로 사용자가 키우는 대상을 말하고 있다.

5. 게임의 장르는 분류하는 사람마다 차이가 있으나 가장 일반적인 분류로는 슈팅(Shooting), 액션(Action), 보드(Board), 롤플레잉(Role-playing), 시뮬레이션(Simulation), 어드벤처(adventure)의 6가지 장르로 구분한다. 이 중 게임에서 대화가 등장하는 게임은 롤플레잉, 시뮬레이션, 어드벤처의 3가지 장르이다.

1970년대 최초의 게임 〈퐁(Pong)〉이 등장한 이래로, 게임은 비디오 게임과 컴퓨터 게임 그리고 아케이드 게임과 같은 다양한 장르로 분화, 발전되었다. 1980년대에는 PC 게임은 물론 수많은 콘솔 게임 플랫폼들이 등장하였고, 1990년대에 이르러서는 인터넷을 기반으로 한 온라인 게임이 속속 선보이기 시작하였다.

최초의 게임인 〈퐁〉이나 〈스페이스 워(Space War)〉와 같은 초기 단계의 게임에서는 스토리성보다는 게임을 즐기기 위한 액션이 중심이었다. 〈퐁〉은 테니스를 연상케 하는 일종의 구기 종목을 형상화 한 것으로 특정한 스토리는 찾아볼 수 없었다. 〈스페이스 워〉의 경우도 소설을 바탕으로 제작되었으나 게임 플레이 형식상 스토리의 영향력을 찾아보기 힘든 아케이드 장르였다.

그러나 게임 산업이 발전하고 게임의 장르가 분화되면서 게임의 서사적 측면이 강조되기 시작했다. 다시 말해 게임에서 진행되는 스토리를 기반으로 한 각 캐릭터들 간의 대화가 나타난 것이다. 특히 RPG(Role Playing Game) 장르가 탄생하게 되면서 현재의 대표적인 게임 대화 유형들이 형성되었다.

RPG장르는 스탠포드 대학에서 탄생하였다. 스탠포드의 연구원들은 1954년 발간된 옥스퍼드 대학 교수 돌킨(J.R.R Tolkien)이 쓴 판타지 소설 〈반지의 제왕(The Lord of The Rings, 1953)〉의 영향을 받은 순수한 텍스트 기반의 어드벤처 게임을 개발하게 된다.

지금과 같은 형태의 RPG가 등장하게 된 것은 TRPG(Tabletalk RPG)를 그 시초로 한다. 1971년 중세의 마법사와 기사, 던전의 요소를 첨가한 〈디앤디(Dungeons & Dragons)〉를 선보였다. 〈디엔디〉는 사용자가 각각의 역할을 맡아 중재자를 통해 역할 놀이를 진행하는 게임이었다.

이후에는 〈디엔디〉의 영향을 받아 컴퓨터 기반의 채팅기능을 갖춘 머드 게임(MUD; Multi User Dungeon)[6]이 선보이게 된다. 〈플라토(PLATO)〉라는 머드 게임은 텍스트를 기반으로 사용자가 화면에 나타나는 게임 내용을 읽고, 텍스트를 입력하여 주어진 임무를 행하는 형태이다. 사용자는 텍스트를 통해 스토리를 진행하면서 유동적으로 스토리를 변경할 수 있으며, 다수의 게임 이용자와 컴퓨터상에서 상호작용을 할 수 있게 되었고, NPC(Non Play Character)의 개념이 적용된 최초의 게임이다.

위와 같은 흐름을 통해 RPG 장르가 기반을 다지게 되었고 최초의 RPG 게임인 〈울티마(Ultima)〉가 등장하면서 비로소 그 입지가 확고해졌다. RPG는 그 장르적 특징상 다른 게임 장르보다 스토리성이 강화된 게임이다. 사용자는 NPC와의 대화를 통해 게임의 정보와 스토리 정보를 입수할 수 있다. 다시 말해 RPG장르에서의 인터랙티브 대화는 게임 진행을 하는 데에 필수적이라고 볼 수 있는데, NPC에게 말을 걸어 퀘스트를 얻고 그 퀘스트를 완료하지 못하면 게임을 진행할 수 없다. 하지만 초기 RPG는 대화가 자동적으로 실행되거나 일방적인 단순 클릭만으로 진행되었다. 사용자는 단지 마우스 또는 키보드와 같은 입력 장치를 클릭하는 것으로 모든 대화가 이루어졌으며 중요한 대화는 컷신(Cut scene)으로 이벤트화되어, 엄격한 의미로 볼 때

---

6. 머드 게임은 컴퓨터 통신망을 이용하여 서버 컴퓨터에 접속한 사용자들이 3차원 시뮬레이션을 통해 프로그래밍된 가상공간에서 하나의 역할을 맡아 다른 사용자와 협력하거나 대결하면서 자신의 역할을 수행하는 방식이다. 사용자는 키보드로 문자를 입력해 공간이동을 하거나 우호세력과 협력하고 적과 싸우면서 자신의 목표를 달성한다. 게임 자체에 어드벤처, 롤플레잉, 시뮬레이션 게임의 요소가 포함되어 있다. 혼자서는 게임을 할 수 없으며, 다른 사용자들과 함께 게임 진행을 해나가기 때문에 그만큼 게임의 내용이 다양하고 박진감 넘친다(브리태니커 사전).

대화라고 하기엔 부적절했던 것이 사실이다(앤드류 롤링스, 2004:155).

그러나 게임 산업 기술이 발전하면서 단순한 방식의 인공지능 시스템이 도입되었고, 점차 대화의 진화를 거치게 된다. 일본에서는 연애 시뮬레이션 게임인 〈러브 플러스(love Plus)〉나 〈놀러와요 동물의 숲(おいでよどうぶつの森)〉이, 국내에서는 독자적인 게임으로 평가받았던 〈마비노기(Mabinogi)〉가 단순한 대화의 형식에서 벗어나 보다 자연어에 가까운 인터랙티브 대화를 보여주었다. 이들 게임에서는 가상의 대상과 커뮤니케이션을 통해 교감을 나누는 것이 실현되었으며 이는 인터랙티브 대화의 진정한 목표라고 볼 수 있다.

인터랙티브 대화의 시작은 육성 시뮬레이션 게임이 등장하면서 한 단계 진보하였다. 육성 시뮬레이션 게임은 주로 동물이나 특정 인물을 통해 목적을 달성할 때까지 키우는 게임이다. 아이나 애완동물, 유명인 등을 기르는 과정을 흉내 낸 시뮬레이션 게임이며 일본에서 오랜 세월 동안 인기를 끌어온 〈프린세스 메이커 시리즈(Princess Maker)〉나 〈데뷔(debut)〉 등이 대표적인 게임이다. 주로 대상을 키우는 방법에 따라 게임 결과가 매우 다양하게 변화한다.

육성 시뮬레이션은 장르적 특성상 육성되는 대상과 사용자의 애정을 키울 수 있어야 한다. 즉 가상의 대상을 실제 대상과 같이 인식해야 하고 교감을 이루기 위해 커뮤니케이션 툴이 뒷받침되어야 한다. 또한 교감을 이루기 위해서는 보다 많은 어휘와 대화 범위가 뒷받침되어야 할 필요가 있다. 이러한 게임에서는 한정된 상황을 제시하고, 게임 이벤트화하여 그 상황에 맞는 문장을 제시함으로서 최대한 자연스러운 교감을 불러일으킬 수 있도록 게임 설계가 되어 있다. 이러한 육성 시뮬레이션 게임이 RPG와 다른 점은 게임 대화를 할 때 어떤 문장을 선택하느냐에 따라 게임 결과에 영향을 미친다는 것이다.

현재 온라인 게임에서 대화는 게임을 진행하는 필수적인 요소로 작용한다. 그러나 이제는 대화가 게임 진행 자체보다는 가상의 존재와 상호작용을 하면서 흥미와 재미를 유발할 수 있는 계기가 된다는 것이 더 중요하다.

초창기 게임에서 인터랙티브 대화는 스토리를 보여주는 단순한 역할에 머물러 있었다. 하지만 현재는 게임이 발전하고 다분화됨에 따라 게임의 재미를 증가시키는 필수적 콘텐츠로 시스템화되어 가고 있다.

3.2. 인터랙티브 매체에서의 대화 특성

3.2.1. 게임에서의 대화의 역할

RPG에서 NPC와의 대화 목적은 크게 두 가지이다. 첫째는 게임의 스토리 소개 및 퀘스트 수행의 역할이고, 둘째는 게임을 하기 위한 기초적인 정보 제공의 역할이다(Susana Tosca, 2003:1-5). 각 NPC에 따라 그 기능은 상이할 수 있지만 초기 튜토리얼[7] 단계에서는 사용자가 NPC와 대화를 통해 퀘스트를 받아 수행하기도 하며, 각종 보조 기술과 기술 연마 등을 습득하기도 한다.

---

7. '튜토리얼(tutorial)'은 원래 '가정 교사의'라는 뜻으로, 초보 사용자에게 퀘스트 수행을 시간적 순서에 따르게 함으로써 게임의 진행을 쉽게 따라오도록 구성한 방식을 말한다.

1) 스토리텔링

앞에서도 논의했듯이 초기 RPG에서는 게임 세계의 스토리를 안내받는(스토리텔링) 용도의 네러티브적 성격이 강했다. 또한 대화를 통해 정보를 주고 받는 것이 아니라 대화가 하나의 게임적 요소나 수단이었으며, 사용자와 캐릭터가 분리된 성격이라기보다는 사용자의 아바타 성격이 강했다. 따라서 일방적인 스토리를 소개하는 방식이 주를 이루었고, 실제로 주고받는 대화는 거의 이루어지지 않았다.

초기 RPG에서 게임 캐릭터는 키워지는 대상이지만, 사용자와 동일시되기 때문에 직접적인 대화는 일어나지 않는다. RPG는 스토리를 통한 역할 놀이의 일종이다. 다시 말해 여기에서 게임 캐릭터는 특정한 역할을 맡는 사용자 자신을 대신한다. 퀘스트를 완료하면서 캐릭터는 성장하지만 사용자와 게임 캐릭터가 동일시되기 때문에 커뮤니케이션은 일어날 수 없다. 다만, 현재의 RPG나 MMORPG에서는 게임 캐릭터가 된 사용자와 NPC와의 대화가 보다 발전된 형태로 등장하였다.

2) 정보 전달

게임에서는 주어지는 퀘스트(임무)를 받고 이를 잘 수행하기 위한 아이템 획득 방법 등의 정보 전달형 대화가 이루어진다. MMORPG에서 임무 수행을 위한 대화가 필요해지면서 NPC와의 키워드 방식 대화가 시작되었다.

> **사용자**: [애완동물 치료하기] 키워드 선택하기
> **Ｎ Ｐ Ｃ**: 어머 더헛씨의 동물 친구가 많이 다쳤군요? 얼른 치료하는 게 좋겠네
> 요. 왜 이리 동물 친구가 다치는 일이 늘어나는지…치료비는 180골드
> 인데, 비싸다 생각 마시고 일단 치료를 해야겠네요.

3) 친밀도 상승

특정 캐릭터를 키우거나 그 캐릭터와의 교감을 이루는 것이 게임 자체의 목적이 되면서 친밀도 상승을 위한 대화가 이루어졌다. 그리고 이러한 친밀도 상승이라는 목적으로 인하여 대화의 양과 종류가 다양해졌다.

예를 들어 〈프린세스 메이커〉와 같은 육성 시뮬레이션 게임의 대화는 주로 키워지는 대상과 사용자의 애착을 강화하기 위한 수단으로 사용되었다.

[그림 2] 〈프린세스 메이커3〉의 대화 인사(좌)와 대답(우)의 예

〈프린세스 메이커〉는 하늘에서 내려온 딸이 성인이 될 때까지 일상에서 일어나는 소소한 일부터 다양한 이벤트를 통해 성장시키는 게임인데, 가령 딸과의 대화를 선택하여 딸을 칭찬한다면 아버지와의

호감도가 올라간다. 또한 딸과 대화를 많이 하면 아버지와의 친밀도가 올라가서 게임 결과에 영향을 미친다. 아버지와 친밀도가 낮으면 딸이 가출하기도 하고 친밀도가 높으면 수양딸인 주인공이 아버지와 결혼하는 엔딩을 볼 수도 있다. 또는 집사라는 NPC를 통해 사용자가 딸과 한정적으로 직·간접 대화를 시도할 수 있다.

3.2.2. 게임의 대화 방식

현재 일반적인 게임 대화는 스크립트 언어를 기반으로 작성된다. 보통 게임 안에서 이루어지는 대화는 사용자가 클릭하여 말을 걸고, 미리 작성된 스크립트를 통해 사용자에게 필요한 정보나 퀘스트를 부여할 수 있도록 설계되어 있다.

이러한 게임 대화 형식은 크게 게임 안에 대화가 삽입된 방식과 대화만을 위한 방식으로 다음과 같이 나누어질 수 있다.

1) 시나리오 종속 대화 방식

특정 시나리오에 따른 대화 지정 방식은 현재 많은 게임에서 채택되고 있다. 이는 사용자가 NPC와 대화할 때 NPC가 미리 내장된 시나리오에 따라 대화 내용을 결정하는 방식이다. 이러한 대화 지정 방식은 간단한 정보를 교환하는 데 사용된다. NPC는 사용자의 조작이 일정한 조건을 충족시킬 때 시나리오에 근거하여 해당 정보를 사용자에게 전달한다. 이러한 대화 방식의 기본적인 구조는 준비된 패턴과 그것을 선택하는 몇 가지의 로직(logic)으로 이루어진다. [그림 3]은 일반적인 시나리오 종속 대화 시스템이다.

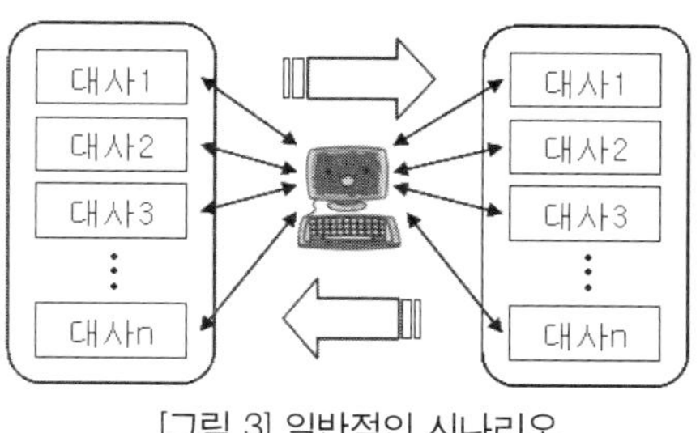

[그림 3] 일반적인 시나리오
종속 대화 시스템

이러한 대화 방식은 대화의 전개 방법에 따라 다음의 세 가지 방식으로 구분할 수 있다.

① 대사 선택 방식

게임 시나리오에 의해 준비된 일정 대사를 선택하는 방식이다. 이것은 사용자가 선택한 문장에 따라 미리 입력된 답 문장을 산출하는 방식이다(최삼하 외, 2005:45). 다시 말해 이와 같은 스크립트 대화 형식은 미리 작성된 대화를 기반으로 약간의 조건을 두고 문장 선택을 유도하는 방식을 취하고 있다. 이러한 방식은 〈원숭이 섬의 비밀(The curse of Monkey Island)〉과 같은 대화형 어드벤처 게임에서 주로 사용된다. 시나리오 이외의 대화 선택이 불가능하다는 것은 이 대화 방식의 최대 단점이다.

② 정보 전달 방식

사용자의 선택이 배제된 단순한 대화의 형태를 통해 게임의 진행에 필요한 정보를 전달하는 방식이다. 〈리니지(Lineage)〉나 〈WOW(World of Warcraft)〉와 같은 MMORPG에서 이 방식을 채택하고 있다. 특정 NPC가 주는 퀘스트는 사용자의 레벨, 능력치, 퀘스트 수행 여부 등의 몇몇 조건들에 의한 변화는 가능하나 대화 자체에는 다양성이 없다는 한계를 지닌다.

③ 키워드 방식

사용자가 선택할 수 있는 키워드를 몇 가지로 제시하여 선택된 키워드에 따라 NPC가 답변하는 내용이 달라지는 대화 방식이다. 이것은 고정된 대화 방식을 좀 더 유연하게 바꾸려는 시도로 볼 수 있는데 화면에서 키워드로 몇 가지 질문들을 제시하면 사용자가 그 중한 문장을 선택하여 대화를 시작할 수 있다. 이에 대한 대답은 NPC가 하는데, 주로 프로그램에 의해 미리 작성된 문장을 랜덤으로 산출하여 이루어진다.

다만 아쉬운 점은 다양한 화제어 키워드들이 대화창에 등장하지만 사용자는 주어진 키워드 외에는 더 이상의 주제 선택권이 없다는 것이다. 〈마비노기〉가 이 방식을 채택하고 있는데 기존의 대화 방식과는 차별화된 것으로 평가받고 있다. 키워드 대화 방식 흐름의 구체적인 예시는 실제 게임을 다룬 3.3.2장에 제시되어 있다.

지금까지 살펴본 대화 방식들은 사용자와 NPC 사이에서 이루어지는 대화가 일방적인 정보 전달 구조를 지니며, 제시되는 문장과 키워드가 다양하지 못하다는 결정적인 한계를 지닌다. 즉 스크립트가 고정된 시나리오에 기반하고 있어서 순서 제약이 있고, 사용자가 접근할 수 있는 주제가 한정적이라는 점이 게임 대화 방식의 한계점으로 드러나고 있다.

2) 시나리오 독립 대화 방식

시나리오 독립 대화 방식은 게임 시나리오와는 별도로 진행되는 일종의 실시간 대화 시스템이라 할 수 있다. 이것은 두 사람 사이에 채팅을 하듯 사용자와 컴퓨터가 자연스러운 대화를 주고받을 수 있도록 설계된 시스템이다. 하지만 현재 MMORPG에는 적용되어 있지 않다.

시나리오 독립 대화 방식의 대화형 시스템은 모두 자연어처리에 기반을 두고 있으며 크게 두 가지로 분류할 수 있다. 하나는 형태소 분석에 기반한 패턴 매칭 방식이며, 다른 하나는 구문 분석과 문장생성 기능이 부가된 지능형 시스템이다.

① 패턴 매칭 방식

특정 문장에서 패턴을 발췌하고, 기존에 구축된 DB에서 같은 문장을 확인하는 방식이다. 1장에서 밝힌 〈Eliza〉나 〈심심이〉와 같은 시스템을 예로 들 수 있다. 구현 방식이 단순해 개발은 어렵지 않으나, 일정 수준의 대화를 하기 위해서는 상당한 양의 DB를 구축해야 하며 사용자의 능동적인 참여를 유도하기에는 적절하지 않다.

② 지능형 방식

형태소 분석만이 아니라 구문 분석과 문장 생성까지도 가능한 지능형 시스템이다. 1장에서 제시한 〈별이 열한 살〉이 이 방식을 채택하고 있다. '별이'라는 가상 캐릭터와 사용자의 대화를 통해 어휘를 확장하고 기억하는 요소를 내장하고 있으나 사용자 의도 분석이 정확하지 않아 자연스러운 대화 진행에는 한계가 있다.

3.3. MMORPG에서의 인공지능 대화 유형

인터넷상에서 다수의 사용자가 RPG를 즐길 수 있는 MMORPG는 기본적으로 사용자가 인터넷을 통해 게임 프로그램을 다운받은 후, 게임 정보가 저장된 서버에 접속하게 된다.[8] 서버에는 게임 데이터와 사용자의 캐릭터 데이터가 존재하여 사용자가 로그인을 할 때 해당 정보를 제공해 준다.

이와 같은 MMORPG는 RPG와 기술적인 차이점은 있으나 그 이름에서도 알 수 있듯이 RPG에 기반을 두고 있다. 각각의 역할 놀이를 하는 게임의 종류로서 기술 발전에 따라 이것이 디지털 기반의 가상 세계로 그 무대를 옮긴 것이다. 따라서 RPG의 퀘스트 시스템을 그대로 이어받아 발전하였다.

3.3.1. MMORPG의 목적별 대화 유형

1) 퀘스트 수행을 위한 대화

사용자는 퀘스트를 부여 받아 목표물이 있는 장소를 찾아가고 그 장소에서 몬스터 또는 적과 전투를 하거나, 특정한 아이템을 채집한다. 임무를 완수하고 그 대가를 통해 캐릭터가 성장하게 되는데 이와 같은 과정은 MMORPG의 가장 기본적인 진행 방법이다.

퀘스트를 수행하기 위해서는 보다 많은 정보 습득을 위한 인터랙티브 대화가 수반되어야 한다. MMORPG에서의 퀘스트는 사용자의 몰입을 위해 캐릭터가 성장해감에 따라 점차 어려워지고 복잡해지는

---

8. 이를 '런처(launcher)를 이용한다'고 통칭한다. 런처란 온라인 게임에서 쓰이는 서버의 반대개념으로서 소프트웨어를 말한다. 런처를 다운받으면 그 안에 게임 업데이트 정보와 유저 정보가 들어 있어서 게임 서버와 이어주는 역할을 하며 이것이 MMORPG를 가능하게 만든다.

경향을 가지게 된다(Csikszentmihalyi, 1990:146). 이와 같은 퀘스트 설계는 캐릭터의 성장과 함께 퀘스트도 이에 상응하여 고난이도로 변해가는 패턴을 가지고 있고 이것이 몰입을 유발하는 중심적인 역할을 하고 있기 때문이다.

대부분의 MMORPG에서는 NPC와의 대화를 통해 퀘스트를 받아 임무를 수행하고 그 대가로 캐릭터를 성장시킬 수 있다. 에스판 아세스(Espen Aarseth)는 퀘스트의 부여에서 완료에 이르는 경로 연구를 통해 MMORPG의 특징을 언급하였다(Espen Aarseth, 2006:4). 아세스는 MMORPG에서 퀘스트의 부여 방식을 3가지 유형으로 아래와 같이 분류하고 있다.

(가) NPC에게 직접 부여 받는 방법
(나) 특정한 장소에서 부여 받는 방법
(다) 아이템을 통해 부여 받는 방법

따라서 게임을 진행하기 위해서는 퀘스트를 부여 받아야 하고 퀘스트를 부여 받기 위해서는 대화 또는 텍스트 정보의 커뮤니케이션이 필요하게 된다. NPC에게 직접 부여 받는 법은 스크립트 기반의 간단한 대화시스템을 통해 사용자가 퀘스트를 선택하는 방식이다. 비록 (다)처럼 NPC에게 직접적으로 부여 받지 않았다고 하더라도 임무 완수를 위해서는 퀘스트 마지막에 NPC와 대화를 해야만 한다. 이와 같이 NPC와의 대화는 퀘스트를 통한 게임 진행을 위해 절차상 반드시 실행해야 하는 요소이다.

2) 친밀도 상승을 위한 대화

MMORPG는 그 장르적 특성상 캐릭터의 성장을 위해 다른 게임에 비해 장시간 접속해야 한다. 그러나 현재의 게임 대화는 레벨에 대한 변화가 거의 없고 오히려 스크립트의 구조적 한계로 인해 MMORPG의 몰입을 저하시킬 수 있다.

가령 사용자의 캐릭터가 고레벨로 성장했음에도 불구하고 스토리 진행을 통한 대화 이외에 대부분의 대화의 폭이 매우 좁다면 대화 자체에 대한 흥미를 잃어버릴 것이다. 단순한 대화가 지나치게 반복되기 때문이다. 〈WOW(World of Warcraft)〉의 경우, 저레벨과 고레벨 사용자가 각기 같은 NPC에게 대화를 한다면, 퀘스트 진행에 대한 대화 이외의 대답이 매우 유사함을 알 수 있다. 전세계적으로 수많은 사용자를 확보한 게임임에도 불구하고 인터랙티브 대화적 측면에서는 사용자에게 게임 사용자에 대한 기초적인 정보 제공 역할을 할 뿐, 친밀도를 고려한 대화에서는 한계성을 지니고 있다고 볼 수 있다.

현재 실용화된 대표적인 인공지능 캐릭터는 '애완동물', '정령'을 예로 들 수 있다. 애완동물이 등장하는 대화시스템에서는 '전투 스킬'을 비롯한 '먹이주기'와 같은 기능을 지원하지만, 캐릭터의 설정 자체가 애완동물이다보니 대화적 측면의 커뮤니케이션의 기능은 거의 찾아볼 수 없다. 또한 사용하는 언어와 코드가 다소 불완전하다는 단점을 가지고 있어, 널리 확대되지는 못했다. 한편, 인공지능 캐릭터들과 대화의 다양성을 추구했던 국내 MMORPG로는 〈프리우스 온라인〉과 〈에이카 온라인〉을 들 수 있다.

위 게임에서는 공통적으로 사용자가 소유할 수 있는 '존재(정령)'가 등장한다. 〈프리우스 온라인〉에서는 '아니마'가, 〈에이카 온라인〉에서는 '프란'이 그 대표적 예이다. 이들은 모두 사용자가 일정 레벨이 되

[그림 4] 에이카 온라인의 대화 화면과 프리우스 온라인의 대화 화면

면 소유할 수 있게 되는데 먹이 또는 식량을 지속적으로 제공하면서 대화를 통해 친밀도를 높인다. 이러한 기본적인 시스템은 애완동물의 인공 지능과 흡사하지만 애완동물이 아니라 '인간형 캐릭터'라는 점에서 다양한 대화가 가능하다는 장점을 지니고 있다. 대화의 주목적인 캐릭터와의 친밀도가 강화되면 전투 시 스킬 사용의 거절 횟수가 줄어든다. 반대로 친밀도가 낮으면 거절 횟수가 많아져 사용자가 게임을 진행하는 데 많은 어려움을 겪는다. 그러나 대화는 사용자가 먼저 시도할 수 있는 것이 아니다. 프란이나 아니마의 대화 이벤트가 일어날 경우만 대화가 가능하다는 단점을 지니고 있다. 또한 이들의 대화는 단어가 한정적이고 자연어 기반의 대화가 아니라는 점에서 완벽한 인공지능 대화라고 보기엔 다소 부족한 점이 있다.

3.3.2. MMORPG 〈마비노기〉의 대화 구조

실제 MMORPG 게임 중 키워드 대화 방식을 보여주는 〈마비노기〉
게임의 대화 구조를 살펴보자.

〈마비노기〉는 다음과 같은 키워드 존재 방식에 의해 대화가 진행
된다. 키워드 존재 방식과 화제 선택 후 나타나는 대화문을 살펴보
면 [표 2]와 같다.

1단계 키워드	2단계 키워드	3단계 키워드	NPC 대화문
대화를 한다	기초 회화	개인적인 이야기	대장장이 일을 하고 있소. 앞으로 자주 봅시다. XX씨.
		근처의 소문	이곳은 바람이 세서 종종 풍차가 고장나오.
		스킬에 대하여	낚시…낚시 스킬에 대해서 혹시 아시오?
		아르바이트에 대하여	어디 오늘도 대장간 아르바이트를 해보겠소?
		수업과 수련에 대하여	(하아품)잘 모르겠는걸요?
	중급 회화	잡화점	이곳은 대장간이요. 의외로 잡화점과 착각하는 사람이 많지.
		대장간	그렇소. 여기가 바로 대장간이오만…
대화 끝내기	고급 회화	식당	안타깝게도 식당은 없고 식료품점이 있소.
		스매시 스킬	학교에 가서 레이널드에게 한번 물어보시오.
	정보 메모	저수지	저수지를 찾으신다면 이쪽이 아닌데…
		광장	지나칠래야 지나칠 수 없는 곳이 광장인데…
		풍차	꼬마 숙녀 알리사가 있는 곳이지…
대화 끝내기	정보 메모	성당	성당은 여기서 좀 가야하는데…

[표 2] 〈마비노기〉 게임의 키워드 존재 방식

<마비노기>의 키워드 존재 방식은 크게 세 가지 단계로 나누어 살펴볼 수 있다. 각 단계는 대화의 진행 순서를 보여주는데 사용자가 단계별 키워드를 누를 때마다 대화의 상세화가 이루어진다고 볼 수 있다. 따라서 대화의 진행 절차는 사용자가 NPC와 대화하기 위한 키워드를 대분류, 중분류, 소분류로 나누어 보면 알 수 있다.

1단계는 대화 시행 관련 키워드로 표상된다. 1단계는 전체 대화 스크립트에서 대분류에 속하며 사용자와 NPC가 대화를 시작하고 끝을 맺는 키워드로 구성되어 있다. 모든 NPC와 접촉 시 [대화를 한다]와 [대화 끝내기]의 두 키워드가 나타난다. 이는 인간의 대화에서 [인사하기]로 대화를 시도하여 [인사하기]로 대화를 끝마치는 방식과 같다고 볼 수 있다.

2단계는 본격적인 대화의 진입을 보여주는 중분류 단계로, 이 단계부터는 사용자의 수준별 필요도에 따라 [기초회화], [중급회화], [고급회화], [정보메모]라는 네 개의 큰 범주로 구성된다. 이러한 범주의 구분은 사용자의 레벨에 따라 얻을 수 있는 대화상 정보를 제약하기 위해 설정된 것이다. 게임의 초기 사용자라면 [고급회화]나 [정보메모]를 접근하기 어렵다. 그리고 이러한 4개의 키워드는 다음 단계의 대화 키워드가 나타낼 기본 속성을 제한해 주는 기능을 한다.

마지막으로 3단계는 화제 선택 관련 키워드로 표상되는 소분류 단계이다. [개인적인 이야기], [근처의 소문], [스킬에 대하여] 등의 각 키워드가 화제별로 존재한다. 각 화제를 나타내는 키워드를 누르면 [표 2]의 NPC 대화문에 나타난 바와 같은 세부 대화문들이 나타난다. 사용자가 이러한 키워드를 누르는 것은 게임 정보를 얻기 위해서거나 게임의 진행 목적인 퀘스트를 수행하기 위해서이다. 따라서 사용자는 3단계에 등장하는 세부 키워드를 게임 진행 상황에 맞추어 선택하

게 된다. 이러한 선택은 해당 키워드에 대한 정보 요구로 받아들여져
NPC의 답변이 나타나게 된다.

　위의 [표 2]를 예로 들어 대화 흐름도로 나타내면 아래 [그림 5]와
같다.

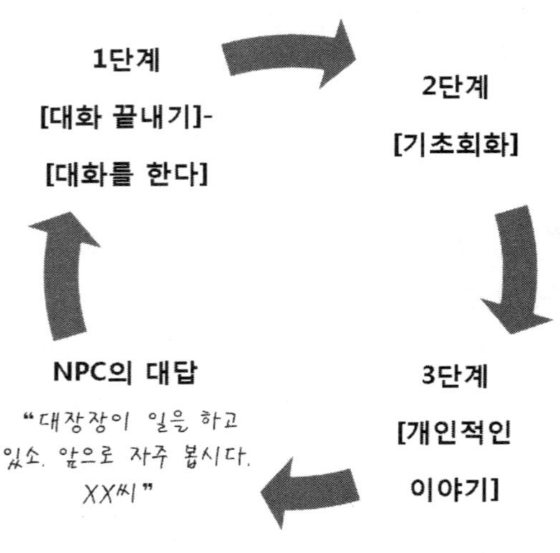

[그림 5] 사용자 선택에 따른 단계별 대화 흐름

다음은 〈마비노기〉 게임의 실제 대화 모습이다.

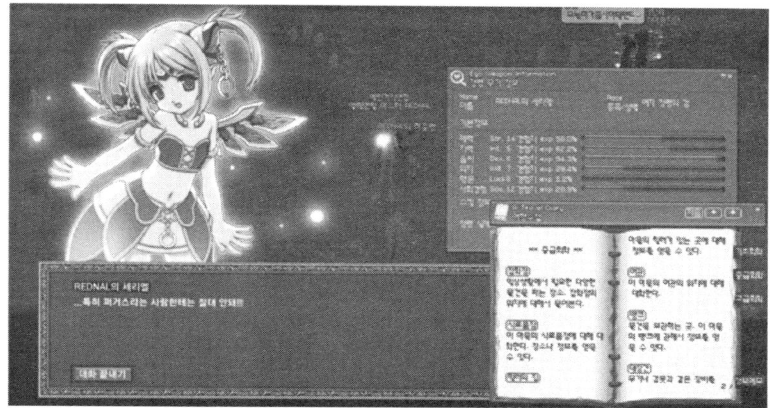

[그림 6] 사용자와 NPC의 대화 장면

여검 정령: …특히 퍼거스라는 사람한테는 절대 안돼!!!
사용자:　　[대화 끝내기](키워드 버튼 선택) 또는
　　　　　 중급 회화 [잡화점, 식료품점, 힐러의 집, 여관, 대장간] 등
　　　　　 (다른 키워드 버튼 선택)

[그림 6]은 NPC(여검 정령)와 사용자의 대화 장면이다. NPC와 대화를 하는 중간에 사용자는 대화를 끝내고 싶으면 키워드 [대화 끝내기]를 선택할 수 있고, 대화를 계속 이어가고 싶으면 중급 회화 수준의 키워드인 [잡화점, 식료품점, 힐러의 집, 여관, 대장간] 중 하나를 선택하여 키워드와 관련된 주제의 대화를 할 수 있다. 이처럼 키워드 방식의 대화는 사용자가 선택할 수 있는 키워드가 한정되어 제시되기 때문에 대화의 화제도 제한적일 수밖에 없다. 이로 인해 사용자가 원하는 대화의 목적과 의도가 충족되지 않을 확률이 커진다.

키워드 방식의 대화는 사용자가 키워드 선택에 따라 NPC에게 질문하면 대화 스크립트에 설정된 조건에 따라 대답하는 진행 순서를

보인다.[9] 아래는 인간 대화와 게임 대화의 차이를 토대로 〈마비노기〉에 드러난 대화의 특징을 3가지로 정리한 것이다.

첫째, 〈마비노기〉 게임 대화에서는 NPC와 사용자의 2인 대화만이 가능하다. 하지만 이를 보완하기 위하여 게임 세계 내부에서 파티 대화나 길드와 같은 커뮤니티를 형성할 수 있다.

둘째, 인간의 대화는 대화의 길이가 고정되지 않고 점차 상세화된다. 하지만 게임 대화는 대화의 시작과 종료가 고정되어 있으며 대화의 길이도 고정되어 있다. 〈마비노기〉에서는 대화문이 나타나는 구조를 대·중·소분류로 세분화하여 대화의 선택폭과 깊이를 상세화할 수 있도록 보완하고 있다.

셋째, 인간의 발화 기회의 순서는 고정되지 않고 경우에 따라서 대화 참여자 중 누구나 할 수 있는데 반하여 게임 대화에서는 스크립트 규칙에 의해서 사용자가 항상 먼저 발화를 시작하도록 고정되어 있다.[10] 〈마비노기〉에서는 게임 상황에 필요한 다양한 키워드를 제시하여 사용자가 선택하게 한다.

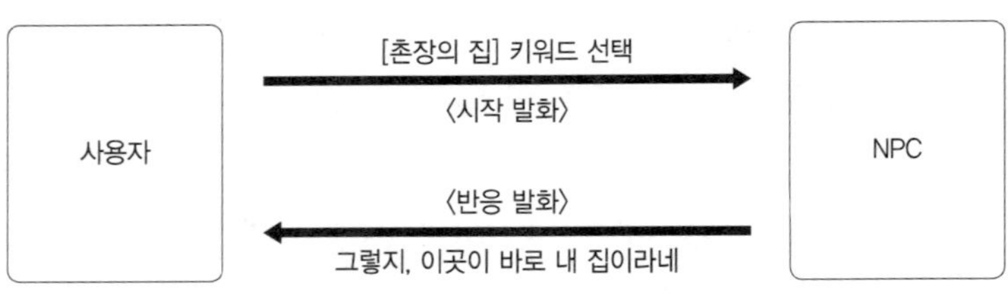

[그림 7] 〈마비노기〉에 나타난 대화 진행 순서

---

9. 게임 대화에서는 결국 사용자가 얻고자 하는 정보의 키워드를 선택함으로써 NPC와 대화를 시도하게 되며, 이러한 방식은 인간 대화에서 '질문-대답'의 인접쌍으로 존재한다.

10. 예를 들어 '마비노기'의 티르코네일이라는 마을에 사용자가 도착하여 마을 촌장을 만

3.3.3. 현재 MMORPG에 등장하는 대화시스템의 한계

MMORPG에서는 하나의 가상세계에서 무수히 많은 사용자들이 정보를 교환하며 상호작용을 한다. 사용자들의 상호작용을 통해 서사구조에 변화가 나타나는 모습을 도식화해 보면 [그림 8]과 같이 '분기구조'의 모습을 띠며 이는 '단선구조'와 확연히 구별된다. '분기구조'는 단순한 선형구조인 서사구조에서 분기가 이루어지면서 다양한 새로운 서사구조를 창출해낼 수 있다.

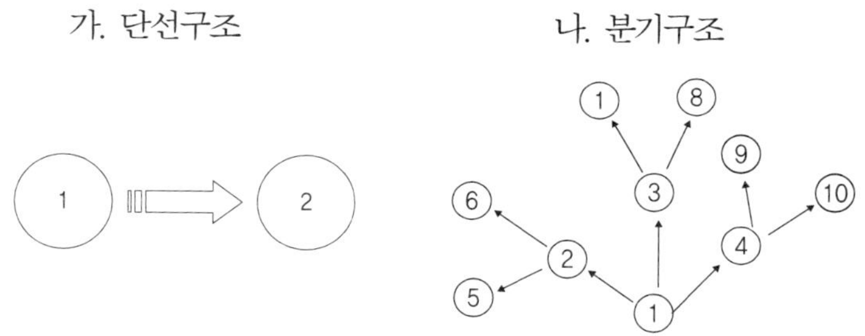

[그림 8] MMORPG에서 서사구조의 변화 양상

하지만 현재 MMORPG에서 게임 진행에서 필수적인 NPC들의 역할을 살펴보면 한정된 틀 안에서만 대화를 하기 때문에 '분기구조'를 이루지 못하고 '단선구조'로 끝나고 만다. 게임에서 서사의 인터랙티브를 끌어내지 못하고 있는 것이다. 게임 상황에서 인터랙티브 스토

나러 가는 상황이라면, 촌장과 대면했을 때 대화가 이루어지기 위해서는 사용자가 먼저 [대화를 한다]의 키워드를 선택해야만 대화를 시작할 수 있다.

리텔링이 이루어지기 위해서는 이들 NPC와 사용자 사이의 대화를 사용자와 사용자 사이의 대화에서처럼 다양하고 자연스럽게 만들어 감으로써 다양한 분기구조를 이끌어내는 것이 필요하다. 이를 통해 MMORPG에서 새로운 이야기를 창출하여 사용자로 하여금 게임에 더욱 몰입할 수 있는 효과를 가져올 수 있을 것이다.

1) 화제 선택의 제한

MMORPG에서 NPC와의 대화는 이미 작성되어 있는 대화 스크립트를 기반으로 하고 있다. 따라서 고정된 화제로 인하여 사용자의 선택이 제한되어 게임에 몰입하는 데 방해를 줄 수 있다.

MMORPG는 기본적으로 사용자 대 가상세계라는 상호작용 공간이며 단선구조가 아닌, 비선형적 분기구조를 지향한다(고창수 외, 2008: 12). 그러나 게임 세계에 존재하는 대화 스크립트는 고정된 규칙들로 구성되어 있다. 게임이 가지고 있는 이러한 제한점은 게임 대화가 지니는 한계이자 특징이다. 게임 대화가 이러한 제한점을 극복하고 대화의 자연스러운 흐름을 갖기 위해서는 단순한 선형적 구성이 아니라 다양한 조건에 따라 변화하는 복잡계의 비선형적 구성이 필요하다.

2) 자연어 입력 대화의 불가능

게임에서의 대화는 게임의 장르와 컨셉에 따라 차지하는 비중이 상이하다. 특히 MMORPG는 게임 진행을 위한 대화가 필수적인 장르 중 하나이다. 하지만 그럼에도 불구하고 인공지능 대화 시스템을 통한 자연어 대화의 구현은 거의 전무한 실정이다. 앞서 언급한 바와 같이 MMORPG의 대화의 축이라고 할 수 있는 NPC의 대화는 고정된 스크립트 대화가 대부분이며, 자연어 입력 시스템은 독립적인 사이트를 통해 사용자가 원하는 질문을 직접 입력하여 체험해 보는 수준에 머물러 있다.

4장에서는 이와 같은 한계점을 극복하기 위하여 사용자가 입력한 자연어의 형태소와 구문, 의미, 의도를 분석하여 적절한 응답문 산출이 가능한 대화시스템 구축 방법을 논의한다.

4

화행 분석에 기반한
인공지능 대화시스템 구축 방법

인공지능 대화시스템 연구

4

화행 분석에 기반한
인공지능 대화시스템 구축 방법

　'인공지능' 대화시스템의 핵심은 컴퓨터로 하여금 인간이 갖고 있는 언어 능력을 표상하게 하는 데에 있다. 인간은 무제한적으로 다양한 표현들을 주고받으면서도 자연스럽게 대화를 이어나갈 수 있다. 이는 대화 상대방의 발화 의도를 파악하는 능력, 우리가 살고 있는 세계에 대한 지식을 기반으로 하여 상대방의 발화 의도에 맞는 적절한 응답을 함으로써 대화를 연속적으로 진행해 나갈 수 있는 능력에 기반한 것이다.

　그러므로 인공지능 대화시스템이 인간의 언어 능력을 구현할 수 있게 하려면, 먼저 시스템이 인간의 발화 의도를 파악할 수 있게 해야 하고, 두 번째로 그 의도에 맞는 적절한 응답 방식을 알 수 있게 해야 하고, 세 번째로 세계에 대한 지식을 토대로 적절한 응답문을 만들 수 있게 해야 한다. 대화시스템이 이러한 능력을 가지려면 무엇보다 인간의 문장 구성 능력을 넘어서는 화용론적 능력을 부여해야 할 것이다. 이를 위하여 앞에서 서술하였듯이 인간 대화의 기본적 속성을 이해하고 이러한 대화 과정에서 나타나는 인접 화행의 유형을 분석하여 이를 알고리듬화하는 것이 일차적인 작업이라고 할 수 있다. 그러나 이러한 능력을 범용적으로 적용하기에는 연구의 깊이가 더해져야 한다는 한계가 있다. 따라서 인간의 화용론적 능력을 분석하여 유형화하는 일정한 범주 안에서 이를 시뮬레이션할 필요가 있다. 또한 이러한 시뮬레이션은 응용 가능하며 실제적 효과를 검증함과 동시에 관련 산업에 도움이 되는 방식으로 진행되어야 할 것이다.

이를 위하여 화행분석에 기반한 대화시스템의 기본 알고리듬이 이미 기본적 모듈로 구성되어 있는 MMORPG에 적용해 보는 것도 의미 있는 일일 것이다. 이러한 대화시스템이 MMORPG에 적용된다면, 게임의 인터랙티비티를 활성화하고 사용자와 NPC 사이의 친밀감과 정서적 교감을 증가시킬 수 있기 때문이다. 이는 단순히 게임의 인터랙티비티를 활성화하는 데서 나아가 사용자와 NPC 사이의 친밀감과 정서적 교감을 증가시킴으로써 대화시스템의 유용성을 체감하고 다른 장르에 폭넓게 응용할 수 있는 계기가 될 수도 있다.

앞서 언급한 바와 같이 대화시스템의 화용론적 능력을 제고하기 위한 세 가지 목표를 달성하기 위해서는 어떤 과정이 필요할까? 우선 인간의 발화 의도(즉 화행)를 포착하기 위해서는 문장에 나타난 언어 요소들을 이용하여 화행을 분석할 수 있는 화행결정 방법론을 연구하여 이를 적용한 모듈을 마련해야 한다. 이는 입력된 문장 속에 내재된 발화 의도에 대한 파악 없이 입력된 문장과 단순 일치하는 문장을 찾아 답을 보여 주도록 설계된 기존의 대화시스템들과 획기적으로 차별화되는 부분이다. 또한 인간의 발화 의도에 맞는 적절한 응답 방식을 알기 위해서는 특정 화행 다음에 어떤 화행이 위치하는 것이 자연스러운지를 실제 대화 자료를 바탕으로 분석하고, 이를 토대로 인접 화행의 구조를 구축함으로써 응답 화행 결정 모듈을 구축해야 한다. 마지막으로 세계에 대한 지식을 토대로 적절한 응답문을 만들기 위해서는 지식베이스를 구축하고, 지식베이스에서 필요한 정보를 탐색할 수 있는 방법론을 마련해야 하며, 지식베이스로부터 제공된 정보를 토대로 응답문을 만들어 낼 수 있는 지식베이스 탐색 모듈을 구축해야 한다. 이 장에서는 지금까지 언급한 각 모듈의 구조와 절차를 구체적으로 보이고자 한다.

본격적인 내용에 들어가기에 앞서, 인공지능 대화시스템의 전체적인 흐름도를 제시하면 다음과 같다. 임의의 문장은 먼저 전처리 단계를 거쳐 대화시스템에 입력된다. 그리고 대화시스템 내부에서는 문장에 나타난 사용자의 발화 의도를 분석한 후, 그에 부합하는 응답문을 만들어 낸다. 각 과정에서 지식베이스는 원활한 대화가 가능하도록 필요한 정보를 제공하기도 하고, 저장하기도 한다. 대화가 완성된 후에는 대화 관리부에 대화 정보가 저장되는 것이 이 연구에서 제안하는 인공지능 대화시스템의 주요 흐름이다.

[그림 1]의 각 모듈이 어떤 기능을 하는지에 대해 좀 더 자세히 살펴보면 다음과 같다.

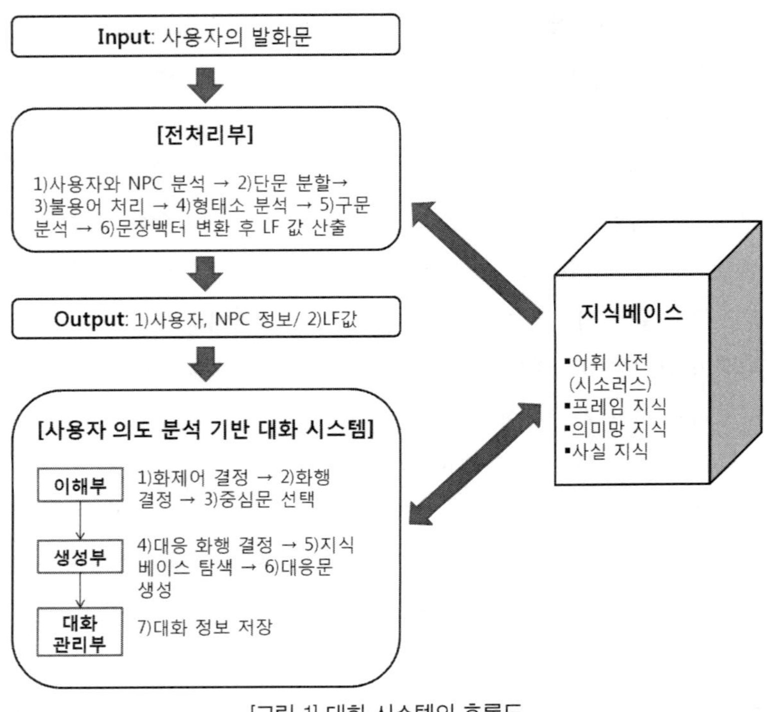

[그림 1] 대화 시스템의 흐름도

[전처리부]

1) **사용자와 NPC 인식**: 사용자가 누구인지, NPC가 누구인지에 대한 정보를 확인하는 단계이다. 사용자가 대화방에 입장함과 동시에 사용자의 기본 정보가 인식된다.

2) **단문 분할**: 사용자가 둘 이상의 발화문을 입력했을 경우에, 각 발화문을 분할하는 단계이다. 둘 이상의 발화문을 동시에 처리하는 것보다는 각 발화문을 따로 처리한 후 정보를 통합하는 것이 효율적이기 때문에 설정되는 단계이다.

3) **불용어 처리**: 사용자가 입력한 발화문 내에는 사용자의 발화 의도와 밀접하게 관련되지 않은 부수적인 표현들이 포함되어 있다. 예를 들면 간투사나 정도 부사와 같은 요소가 그러한 요소에 해당된다. 이와 같이 사용자의 발화문을 분석할 때 분석 대상으로 삼지 않는 단어들을 '불용어'라고 지칭한다. 불용어 처리 단계는 그러한 불용어들을 삭제하는 단계이다.

4) **형태 분석**: 불용어 처리 단계를 거친 발화문을 형태 단위로 분석하는 단계이다.

5) **구문 분석**: 형태소 분석을 거친 발화문의 통사적 구조를 분석하는 단계이다.

6) **문장 분석 벡터**[11] **형식으로 변환 후 LF(Logical Form)값 산출**: 발화문의 구문 분석 결과를 각주 11에 제시한 문장 분석 벡터 형식으로 변환하여 그 정보를 저장하는 단계이다. 구문 분석 결과를 문장 분석 벡터 형식으로 대응시킴으로써 입력문에 존재하는 각 언어 요소들이 문장 안에서 어떤 역할을 하는지를 분명하게 파악할 수 있다.

LF 값은 문장 분석 벡터에 기록된 정보들을 시스템에서 이용하기 쉬운 형식으로 변환한 값을 말한다. 문장 분석 벡터에는 임의의 언어 정보가 채워진 칸도 있고 그렇지 않은 칸도 있는데, 정보가 채워

---

11. 문장 분석 벡터는 입력문의 구문 분석 결과를 문장 성분에 따라 기록한 것이다. 문장 분석 벡터의 양식은 다음과 같다.

	언제	어디에서	얼마나	어떻게	왜	누가	무엇과	무엇을	누구에게	자격으로	서술어	양태자질
핵심어	H1	H2	H3	H4	H5	H6	H7	H8	H9	H10	H11	H12
수식어	M1	M2	M3	M4	M5	M6	M7	M8	M9	M10	M11	M12

져 있는 칸에 있는 내용들만을 정리하여 관리하기 위한 것이다. 이 값이 사용자 의도 분석 기반 대화 시스템에 입력되는 정보가 된다. 문장 분석 벡터로부터 LF 값을 작성한 결과를 예로 제시하면 다음 [표 1]과 같다.

핵심어					⟨101⟩	아르바이트_Lex, N, arbeit_main_tw12)			오_Lex, V, Act, ⟨507⟩	past, declaration, request
수식어										

(LF 값)

⇒ speech act(H6⟨⟨101⟩⟩, H8⟨아르바이트_Lex, N, arbeit_main_tw⟩, H11 ⟨오_Lex, V, Act, ⟨507⟩⟩, H12⟨past, declaration, request⟩)[13]

[표 1] 문장 분석 벡터로부터 LF 값 작성 결과

[사용자 의도 분석 기반 대화 시스템]

1) **화제어 결정**: 사용자의 입력문에서 중심적인 키워드가 되는 단어가 무엇인지를 결정하는 단계이다. 즉 "사용자가 무엇에 대해 말하고 있는가"를 결정하는 단계이다.

2) **화행 결정**: 사용자가 입력문을 통해 의도한 것이 무엇인지를 분석하는 단계이다. 즉 무엇인가를 요청한 것인지, 질문한 것인지, 단언한 것인지에 대한 것을 결정하는 단계이다.

3) **중심문 선택**: 사용자가 둘 이상의 발화문을 입력한 것으로 파악된 경우에, 여러 개의 발화문 중 어떤 것이 가장 중심적인 발화문인지를 선택하는 단계이다. 중심문을 제외한 다른 발화문들은 응답의 대상에서 제외된다.

---

12. tw는 'theme word', 즉 '화제어'의 준말이다.

4) **대응 화행 결정**: 입력문에 대응되어 산출될 응답문의 적절한 화행이 무엇
   인지를 결정하는 단계이다.

5) **지식베이스 탐색**: 사용자가 요구하는 정보를 지식베이스에서 탐색하는
   단계이다.

6) **응답 산출**: 앞선 과정들을 통해 얻어진 정보를 토대로 사용자가 요구하는
   응답문을 산출하는 단계이다.

이 중 인간적인 언어 능력을 갖춘 대화시스템을 구성하기 위한 핵심적인 부문은 2) '화행 결정', 4) '대응 화행 결정', 5) '지식베이스 탐색' 과정이다. 이제 이 부문들을 중심으로 인공지능 대화시스템의 구축 방법을 살필 것이다.

그런데 이 세 부문에 대한 논의로 들어가기에 앞서, 먼저 인공지능 대화시스템의 구축을 위한 기본 문장의 구성에 대해 살피고자 한다. 대화시스템이 인간의 언어 능력을 모사할 수 있도록 하기 위해서는 먼저 인간의 언어 자료를 관찰하여 그로부터 자연스러운 대화가 갖는 특징을 추출해 낼 필요가 있다. 이를 위한 기반이 되는 자료가 바로 '기본 문장'이며, 이는 앞으로 진행될 모든 작업의 기초가 되는 것이기 때문에 먼저 살필 필요가 있다.

---

13. H6, H8 등은 문장 분석 벡터에서의 위치를 지시하는 기호이다. 예를 들어 H6는 핵심어 중 6번째 칸을 지시하는 것이고, H6 뒤에 연결된 〈 〉 안에 제시된 정보는 H6 칸에 기록된 정보이다.

4.1. 구축을 위한 기본 문장의 구성 및 그 방법

화행을 결정하는 로직과 대응 화행을 결정하는 로직을 구성하기 위해서는, 먼저 자연스러운 언어 자료를 관찰할 필요가 있다. 대규모의 언어 자료에 포함된 문장들을 관찰하여 특정 화행이 어떤 언어 표지와 관련되는지, 특정 화행 이후에 어떤 대응 화행이 나타나는지를 전체적으로 파악한 후에 그 정보를 토대로 화행 결정 로직과 대응 화행 결정 로직을 구성할 수 있기 때문이다.

각각의 화행을 대표하는 언어 표지, 즉 화행 표지를 추출하기 위해서는, 먼저 해당 화행을 대표할 수 있는 표현들을 말뭉치를 통해 추출하는 작업이 선행되어야 한다. 이를 위해 21세기 세종계획의 일환으로 구축된 약 80만 어절 규모의 현대국어 구어 말뭉치 중 2인 대화를 대상으로 하여 발화별로 화행 정보를 정리하였다. 그 예는 다음과 같다.

큰주제	소주제	순번	P1	대사1	화행1	P2	대사2	화행2
일상 대화	가족과 사랑	331	P1	아이 그건 그런데 나 웬만해서는 정말 의지하기 싫거든.	단언	P2	어 그래?	되묻기
	교통 수단	124	P1	그래서 인제~ 택시 안 타기로 했어,	단언	P2	어떻게 와 그럼?	내용 질문
	교통 수단	154	P1	어. 너무 이렇게 의식하지 마. 그냥 하던 대로 해,	요청	P2	네.	긍정 반응

[표 2] 구어 말뭉치의 화행 정보 정리 예시

또한 게임 상황에서 자주 나타나는 대화문을 얻기 위해 마비노기,

세피로스의 대화 스크립트에서 출현 빈도가 높은 대화문을 추출하
고, 필요한 경우 문장 정제 과정을 거쳤다. 그것을 바탕으로 화행 정
보를 정리한 예는 다음과 같다.

주는 말	대사1	화행1	받는 말	대사2	화행2
user	안녕하세요, 레이널드 씨인가요?	판정 질문	NPC	안녕하신가. 나는 티르코네일의 학교에서 무술을 가르치고 있지. 듣고 싶다면 수업과 수련에 대해 서로 내게 얘기해 보게.	요청
user	수업을 받으려면 어떻게 해야 되나요?	내용 질문	NPC	이봐 이봐… 세상에 공짜는 없어. 수업 들으려면 수업료는 필요하다구.. 단계에 따라 조금씩 가격이 다르지만 말이야.	단언
user	여기선 주로 어떤 수업을 받나요?	내용 질문	NPC	내가 말이지, 젊었을 때부터 도적단 토벌하고 던전에 몬스터 잡기로 유명했었거든? 거기에 대한 기본 무술을 가르쳐 주지, 물론 공짜는 없지만~.	약속

[표 3] 마비노기, 세피로스 대화 스크립트의 화행 정보 정리 예시

이렇게 하여 정리된 자료는 그 양이 방대하기 때문에 모든 문장을
대상으로 하여 다음 단계의 작업을 이어 나가기는 어렵다. 그러므로
이 중 인간의 언어 사용 실태를 대표할 수 있는 문장들을 추출해 낼
필요가 있다.

이때 몇 개의 문장들을 추출해 낼 것인지를 결정하는 일이 중요한
데, 다양한 언어 사실을 반영할 수 있으면서도 언어 사실들을 관찰하
는 후행 작업의 대상으로서 무리가 되는 양이 아니어야 하기 때문이
다. 이 연구에서는 이를 고려하여 우선 1000개의 문장을 추출해 내

는 것을 목표로 하였다. 1000문장 추출의 기준은 다음과 같다.

1) 제시 화행-대응 화행의 유형(대응쌍 유형)이 다양하게 나타나도
   록 한다.

인공지능 대화시스템은 인간이 입력한 발화에 자연스럽게 대응하
는 적합한 발화를 내보낼 수 있어야 한다. 이를 위해서는 각각의 화
행별로 어떤 유형의 화행과 연결되는 것이 자연스러운지를 조사하여
대화시스템을 구성하는 데 반영할 필요가 있다. 그러므로 이 작업의
기초 자료가 되는 1000문장은 제시 화행-대응 화행의 유형을 다양하
게 반영해야 한다.

이 작업을 위하여 21세기 세종계획 현대국어 구어 말뭉치를 검토함
으로써 대응쌍의 유형을 조사하였다. 그리고 여기에서 나타나는 대
응쌍의 유형이 1000문장을 추출할 때 고루 반영되도록 하였다. 구
어 말뭉치에 나타난 대응쌍의 유형과 빈도는 [표 4]와 같다(0.1% 이
상의 비율로 나타나는 유형만 제시한 것이다; 화행의 분류와 화행명
은 [표 8] 참조).

주는 말	시작화행	대응화행	빈도 (비율)	받는 말	시작화행	대응화행	빈도 (비율)
지 시	request	ask_yn	7(0.16)			criticism	12(0.27)
		declaration	6(0.13)			agreement	11(0.25)
질 문	ask_amount	declaration	11(0.25)			complaint	8(0.18)
	ask_how	declaration	5(0.11)			concern	7(0.16)
	ask_what	declaration	38(0.86)			response_ negative	7(0.16)
		ask_yn	10(0.22)			response_ noknowing	6(0.13)

주는 말	시작화행	대응화행	빈도 (비율)	받는 말	시작화행	대응화행	빈도 (비율)
질문	ask_when	declaration	10(0.22)	반응		ask_amount	6(0.13)
	ask_where	declaration	9(0.20)			ban	5(0.11)
	ask_why	declaration	18(0.41)		guess	declaration	31(0.70)
	ask_yn	declaration	165(3.77)		guess	response_positive	21(0.48)
	ask_yn	response_positive	93(2.12)		guess	response_confirmation	9(0.20)
	ask_yn	response_negative	23(0.52)		guess	ask_yn	8(0.18)
	ask_yn	ask_yn	18(0.41)		statement_angry	response_confirmation	7(0.16)
	ask_yn	response_confirmation	10(0.22)		statement_angry	declaration	5(0.11)
	ask_yn	ask_what	7(0.16)		statement_happy	response_confirmation	5(0.11)
	ask_yn	guess	5(0.11)		statement_sad	response_confirmation	9(0.20)
진술	agreement	declaration	9(0.20)		statement_sad	declaration	5(0.11)
	complaint	response_confirmation	17(0.38)		wish	response_confirmation	10(0.22)
	complaint	declaration	10(0.22)		response_confirmation	declaration	534(12.21)
	complaint	ask_yn	5(0.11)		response_confirmation	ask_yn	29(0.66)
	concern	declaration	6(0.13)		response_confirmation	guess	25(0.57)
	criticism	declaration	11(0.25)		response_confirmation	response_positive	20(0.45)
	declaration	response_confirmation	1097(25.09)		response_confirmation	response_confirmation	13(0.29)
	declaration	declaration	589(13.47)		response_confirmation	complaint	6(0.13)
	declaration	ask_yn	252(5.75)		response_negative	declaration	14(0.32)
	declaration	response_positive	186(4.25)		response_negative	ask_yn	9(0.20)
	declaration	guess	40(0.91)		response_negative	response_confirmation	5(0.11)
	declaration	ask_what	34(0.77)		response_positive	declaration	341(7.80)
	declaration	ask_why	25(0.57)		response_positive	ask_yn	38(0.86)

주는 말	시작화행	대응화행	빈도 (비율)	받는 말	시작화행	대응화행	빈도 (비율)
진술	declaration	request	22(0.49)	반응	response_ positive	response_ positive	21(0.48)
		response_ reask	17(0.38)			guess	9(0.20)
		objection	15(0.33)			response_ confirmation	8(0.18)
		ask_how	12(0.27)			ask_what	5(0.11)
					response_ reask	declaration	9(0.20)

[표 4] 구어 말뭉치에 나타난 대응쌍의 유형과 빈도

2) 화행 표지가 다양하게 나타나도록 한다.

인간의 발화문이 내포하고 있는 의도가 무엇인지를 파악하기 위해서는 발화문에 포함된 언어 요소 중 특정 화행임을 확인할 수 있게 해 주는 요소가 있는지를 검토해야 한다. 이를 위해서는 말뭉치 자료를 검토함으로써 특정 화행을 신호하는 것으로 볼 수 있는 언어 요소들을 가능한 한 다양하게 추출해 내어야 한다. 그러므로 이 작업의 기초 자료가 되는 1000문장을 추출할 때에도 화행별로 다양한 화행 표지를 담고 있는 문장들이 추출되도록 해야 한다. '요청' 화행으로 나타나는 다양한 형식들을 예로 제시하면 다음과 같다.

(1) ㄱ. 시간이 되신다면 한번 가 보세요.

　　ㄴ. 가끔 케이틴 언니한테 부탁할 일도 생기곤 하니까 [아르바이트에 대하여] 키워드로 물어봐 줘.

　　ㄷ. 그리고 저저… 노라… 노라가 여관 앞에… 있으니까… 안부 좀… 부탁해요.

ㄹ. 그건 다른 사람에게 묻게나.

ㅁ. 이 마을에 있는 다른 사람들에 대해 말해 주세요.

ㅂ. 한번 해 보지 않겠어?

ㅅ. 한번 보시겠어요?

ㅇ. 시끄럽거나 번잡하지 않게 해 주셨으면 좋겠습니다.

ㅈ. 못미더우시다면, 전문 재단사에게 맡기시는 게 좋을 거예요.

ㅊ. 던전에서 분실한 물건을 찾고 싶으신 거라면 광장 옆에 사시는 던컨 촌장님을 찾아가십시오.

ㅋ. 만약 옷이 필요하시다면 말콤의 잡화점에 가 보시면 어떨까요?

ㅌ. 이 데이안 님에게 그런 질문을 하려면 선물 하나 정도는 해야지!

ㅍ. 조금은 분별 있는 질문을 기대하겠습니다.

ㅎ. 일단은 티르코네일의 던컨 촌장님께 여쭤보시는 것도 괜찮을 것 같습니다.

3) 다양한 문형이 반영되도록 한다.

대화시스템이 다양한 형식의 문장들을 처리할 수 있게 하기 위해서는 1000문장에 다양한 문형이 나타나도록 할 필요가 있다. 기초 자료 자체에 문형이 제약되어 있으면, 이후의 작업에서도 제약된 문형에 대해서만 적용되는 로직을 작성함으로써 대화시스템의 완성도를 떨어트릴 수 있기 때문이다. 기본 문장으로 추출된 문장들의 문형 유형은 다음과 같다.

서술어 유형	문형
감탄사	IC
형용사	N이 A
	N밖에 A
	N이 N과 A
	N이 N밖에 A
	N이 N보다 A
	N이 N에 A
	N이 N에게 A
	N이 N이 A
	N이 왜 A
계사	N이 N에 N이다
	N이 N이 N이다
	N이 N이다
	N이 왜 N이다
자동사	N이 V
	N이 A다고 V
	N이 N과 V
	N이 N밖에 V
	N이 N에 V
	N이 N에 어떻게 V
	N이 N에 왜 V
	N이 N에게 V
	N이 N에게 V라고 V
	N이 N에서 N으로 V
	N이 N에서 V
	N이 N으로 V
	N이 N이 N에 V
	N이 N이 V
	N이 N이라고 V
	N이 N처럼 V
	N이 Vㄴ다고 V
	N이 V라고 V

서술어 유형	문형
자동사	N이 어떻게 V
	N이 얼마나 V
	N이 왜 N에 V
	N이 왜 N이 V
	N이 왜 V
타동사	N이 N을 V
	N이 N에서 N을 V
	N이 N과 N을 V
	N이 N에 N을 V
	N이 N에게 N을 V
	N이 N에서 N을 V
	N이 N으로 N을 V
	N이 N을 N에 V
	N이 N을 N에게 V
	N이 N을 N에게 왜 V
	N이 N을 N에서 V
	N이 N을 N으로 V
	N이 N을 N으로 왜 V
	N이 N을 N을 V
	N이 N을 N이라고 V
	N이 N을 어떻게 V
	N이 N을 얼마나 V
	N이 N을 왜 V

[표 5] 1000문장의 문형 유형

여기에 화행의 출현 비율까지 반영하여 기본 1000문장 샘플을 구축하였다. 구어 말뭉치에 나타난 각 화행(대분류)의 출현 비율은 다음과 같다.

화행 대분류	구어 말뭉치 출현 비율
인사	0.05%
호출	0.06%
언약	0.23%
지시	0.96%
질문	11.7%
진술	54.7%
반응	32.3%
대분류 7개 화행	100%

[표 6] 구어 말뭉치에서 화행(대분류)의 출현 빈도

[표 6]을 통해 일상 대화에서 진술 화행의 비중이 가장 크고, 다음으로 반응 화행, 질문 화행의 비중이 높다는 것을 알 수 있다. 이에 따라 기본 1000문장을 구성할 때에도 진술 화행의 비중을 가장 높게 하였다. 또한 게임 대화에서는 게임 진행에 필요한 정보를 얻는 것이 중요하여 일상 대화에서보다 질의응답이 더 중요한 역할을 담당하기 때문에 질문 화행의 비중을 더 높게 설정하였다. 한편 반응 화행으로는 보통 간단한 형식이 반복적으로 나타나기 때문에 실제 출현 비중보다 비중을 낮추었다. 기본 1000문장 샘플의 구성은 다음 [표 7]과 같다.

화행	문장 구성비
진술 화행	505 문장
질문 화행	333 문장
인사 화행, 호출 화행, 반응 화행	126 문장
지시 화행, 언약 화행	36 문장
대분류 7개 화행	총 1000문장

[표 7] 대표 1000문장 샘플의 구성

이렇게 하여 구축된 기본 1000문장 샘플은 이후의 작업을 위한 기초 자료로 이용된다.

4.2. 화행 분석 방법

사용자와 시스템 사이의 자연스러운 대화를 위해서는 시스템이 사용자의 발화 의도를 정확히 파악할 수 있어야 한다. 그러므로 인공지능 대화시스템을 구축하기 위해서는 시스템으로 하여금 사용자의 발화가 어떤 의도를 담고 있는지를 파악할 수 있도록 화행 결정 모듈을 구성할 필요가 있다.

화행 결정 모듈이 필요한 이유는 발화 의도가 동일하더라도 그것이 다양한 형식을 통해 표현될 수 있기 때문이다. 예를 들어 화자는 '요청'이라는 의도를 다음과 같이 다양한 형식에 담아 표현할 수 있다.

(2) ㄱ. 내 부탁 좀 들어 주게.

ㄴ. 내 부탁을 들어 주는 게 어때?

ㄷ. 너는 내 부탁을 들어 줘야 해.

ㄹ. 제 부탁을 들어 주시겠어요?

ㅁ. 내 부탁 좀 들어 줄래요?

ㅂ. 네가 내 부탁을 좀 들어 주는 게 좋겠어.

인공지능 대화시스템은 사용자가 자신의 의도를 어떤 형식으로 표현하더라도 그 형식 속에 담겨 있는 화자의 의도를 파악할 수 있어야 한다. 그래야 화자의 의도에 부합하는 올바른 응답을 산출할 수 있기 때문이다.

인간의 대화에서 의도는 발화된 문장의 형식적 측면뿐 아니라 화자와 청자가 상호 간에 공유하고 있는 사회적 맥락, 대화의 주제, 서로의 역할과 관계 등의 요소를 기반으로 파악된다. 인간의 대화에서는 의사소통 맥락이 아주 다양하여 체계적으로 정리하는 것이 쉽지 않지만, 게임 대화에서는 '게임 진행'이라는 목적성 대화가 주로 이루어진다는 점에서 비교적 그 맥락이 한정적이다. 의사소통 맥락을 어느 정도 한정적으로 제한하고 나면, 시스템이 사용자의 의도에 접근할 수 있는 남은 수단은 입력된 발화문의 형식적인 측면, 즉 사용자의 발화가 어떤 형식적인 표지(marker)를 갖고 나타나는지를 분석하는 것이 된다. 그러므로 각각의 화행이 어떤 형식적 표지와 관련되는지를 조사하고, 그 조사 결과를 바탕으로 화행 결정 모듈을 구성해야 한다.

4.2.1. 화행의 유형

각 화행을 대표하는 형식적인 표지를 찾기에 앞서, 먼저 화행의 유형을 확정할 필요가 있다. 2.2.2절에서 언급했듯 화행은 다양한 기준을 통해 다양한 방식으로 유형화될 수 있다. 그런데 인공지능 대화시스템은 발화문의 '형식'을 통해서만 발화문의 이면에 존재하는 사용자의 의도에 접근할 수 있기 때문에, 화행의 유형을 세밀하게 구분하더라도 구분된 화행이 발화문의 형식을 통해 구별될 수 없다면 그러한 구분은 무의미한 것이 된다.

예를 들면, 상대방의 진술이 옳음을 나타내는 '인정'이라는 화행과 자신의 생각이 상대방의 생각과 동일함을 나타내는 '동의'라는 화행을 구분할 가능성이 있지만, 두 화행은 모두 "맞아", "그렇지" 등과 같은 유사한 형식을 통해 실현된다. 사람이라면 발화 맥락에 따라 '동의' 화행과 '인정' 화행을 구분할 수 있지만, 발화문의 형식적 특성만을 이용하여 화행을 구별해야 하는 인공지능 대화시스템이 '동의' 화행과 '인정' 화행을 구분하기란 어렵다. 이처럼 발화문의 형식을 통해 구별되기 어려운 화행을 화행의 유형으로 설정하는 것은 인공지능 대화시스템의 성능을 향상시키는 데 도움이 되지 않는다. 어떤 영역과 관련된 것이든, 유형을 분류하는 기준은 그 분류의 목적에 부합하는 것이어야 한다. 인공지능 대화시스템을 구축하는 데에 이용할 화행의 유형은 각 화행이 형식적으로 구분될 수 있는지 여부를 기준으로 분류되어야 하는 것이다.

이에 따라 이 연구에서는 구어 말뭉치 분석을 통해 실제 대화 상황에 적합한 화행 분석의 기준을 세우고 있는 서상규·구현정(2005)의 화행 분류를 기초로 삼아, 그 중 형식적 표지를 통해 구분되기 어려운 것으로 판단되는 화행들은 하나의 화행으로 통합하고, 형식적 표지를 통해 구분될 가능성이 있는 화행은 여러 화행으로 구분하는 작업을 하였다. 이러한 작업의 결과로 이 연구에서 정리한 화행의 종류는 다음과 같다.

대분류	소분류	표기명
인사	시작인사	greeting_in
	마무리인사	greeting_out
호출	호출	call
언약	약속	promise
	협박	threat

대분류	소분류	표기명
지시	금지	ban
	주의	attention
	요청	request[14]
질문	내용질문	ask_how
	내용질문	ask_property
	내용질문	ask_who
	내용질문	ask_when
	내용질문	ask_what
	내용질문	ask_where
	내용질문	ask_amount
	내용질문	ask_why
	선택질문	ask_which
	판정질문	ask_yn
진술	정표진술	statement_joy
	정표진술	statement_angry
	정표진술	statement_happy
	정표진술	statement_sad
	칭찬	praise
	축하	congratulation
	감사	thanks
	이의	objection
	걱정	concern
	위로	comfort
	자랑	boast
	단언	declaration[15]
	기원	wish
	동의	agreement
	수용	accept
	거절	rejection
	추측	guess
	비난	criticism
	불평	complaint

대분류	소분류	표기명
반응	긍정반응	response_positive
	부정반응	response_negative
	되묻기	response_reask
	맞장구	response_confirmation
	부지답변	response_noknowing
	부답	response_none

[표 8] 화행의 종류

4.2.2. 화행 결정 모듈의 구성

[표 8]에 제시되었듯이 이 연구에서 분석의 틀로 삼은 화행의 종류
는 총 43개이며, 대분류로는 총 7부류(인사, 호출, 언약, 지시, 질문, 진술,
반응)가 있다. 이와 같이 많은 종류의 화행을 결정하는 모듈을 작성
하기 위해서는 먼저 어떤 화행부터 처리할 것인지를 결정해야 한다.

　가장 먼저 처리할 화행은 되도록 세밀한 정보를 통해 명확하게 결

---

14. [request] 화행은 일반적인 [request] 화행과 정보를 요구하는 [request_inform] 화행
으로 세분류된다. 이 두 화행을 구별한 이유는 두 화행에 대한 응답문의 형식이 다르
기 때문이다. 즉 일반적인 요청 화행("아르바이트 좀 줄래?")에 대해서는 요청을 수락
할 것인지 거절할 것인지에 따라 '좋아, 싫어' 등의 대답을 해야 하지만, 정보를 요구하
는 요청 화행("촌장의 집이 어딘지 알려 줄래?")에 대해서는 정보를 담은 대답을 해야
한다. 이와 같은 화행의 세분류는 '발화자의 의도'와 관련된 것이 아니라는 점에서 원
칙적으로는 각각에 대해 '화행'이라는 이름을 부여하는 것이 적절하지 않다고 할 수
있으나, 게임 대화 시스템에서의 필요성에 따라 편의상 추가된 것이다.

15. [declaration] 화행은 응답문을 산출하는 단계에서는 [declaration_inform, declara-
tion_fact, declaration_where, declaration_promise]라는 하위 화행을 갖는다. 이
와 같은 화행의 세분류 또한 게임 대화 시스템에서의 필요성에 따라 편의상 추가
된 것이다.

정될 수 있는 것이어야 한다. 언어 표지들을 통해 명확하게 결정되기 어려운 화행은 명확히 결정되는 화행들이 모두 처리된 후에 후반부에서 비교적 덜 구체화된 정보를 이용해 처리하는 것이 편리하기 때문이다.

따라서 이 연구에서는 [그림 2]의 순서로 화행 결정 모듈을 구성한다. '인사, 반응, 호출'은 아주 제한된 형식을 통해 표현되는 화행으로서 다른 화행에 비해 세밀한 정보 기술을 통해 명확하게 결정될 수 있는 화행이므로 먼저 처리하는 방식을 취한다. 이 화행들은 대화 진행의 기능적인 측면을 담당하고 있는 화행들이기도 하다.

대화 진행의 내용적인 측면을 담당하고 있는 화행들 중에서는 '언약, 지시'를 먼저 처리한다. '언약, 지시'는 '질문, 진술'에 비하여 종결어미의 형식이 제한적이라는 특징을 가지기 때문이다. '질문, 진술' 화행 중에서는 의문사와 물음표의 존재로 특징지어질 수 있는 '질문' 화행이 좀 더 제한적인 형식을 취하고 있으므로 '질문' 화행을 먼저 처리한다. '인사, 반응, 호출, 언약, 지시, 질문'이 모두 처리된 후에 남은 발화문들은 모두 '진술' 화행 내부에서 처리된다. '진술' 화행은 특정 표지를 통해 명확하게 결정되기 어려운 화행이므로 가장 후반부에서 결정되는 것이 적절하다.

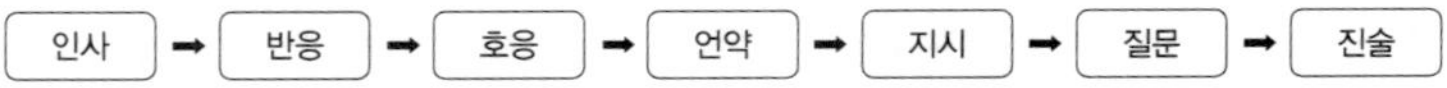

인사 → 반응 → 호응 → 언약 → 지시 → 질문 → 진술

[그림 2] 화행 결정 순서

4.2.3. 화행 결정 모듈의 구축 과정

1) 구어 말뭉치 샘플 검토

4.2.1절에서 화행 결정 모듈의 작성을 위한 기본 방법에 대해 기술하였다. 이 원칙에 입각하여 실제 화행 결정 모듈을 작성하기 위해서는 각 화행을 특징지을 수 있는 형식적 표지(화행 표지)를 찾아내야 한다.

각 화행과 유의미하게 연결될 수 있는 형식 표지를 찾아내기 위하여 4.1절에서 소개한 기본 1000문장을 검토하는 과정을 거쳤다. 기본 1000문장을 화행의 유형별로 나눈 후 각 화행을 대표할 수 있는 형식적 표지들을 추출해 내었다. 추출된 형식적 표지가 하나의 화행에만 연결되지 않고 여러 화행에 연결될 수 있는 것은 아닌지를 반복적으로 검토하였고, 하나의 화행과만 연결되지 않는 형식 표지는 고려 대상에서 제외함으로써 자동 대화시스템에서 이용할 수 있다고 판단한 정보만을 정리하였다.

화행 유형을 특징지을 수 있는 형식적 표지로서 대표적인 것은 문장의 종결 형식(종결 어미 및 문장 종결 기호)이다. 문장 종결 기호로서 물음표(?)가 나타났는지 마침표(.)가 나타났는지를 확인함으로써 해당 문장과 대응되는 화행의 후보를 좁힐 수 있다. 또한 어떤 종결 어미로 문장이 마무리되고 있는지를 확인하는 것도 대응되는 화행의 후보를 좁히는 데 중요한 힌트가 된다. 윤석민(2010)에서는 [표 9]와 같이 종결 어미의 유형을 나누고 있는데, 이러한 종결 어미의 유형 분류가 발화문의 화행을 결정하는 데 있어서도 중요한 정보가 된다.

문장종결법	전형적 문장종결형
설명법	-다, -라, -네, -이, -ㄹ세, -데, -오/소, -ㅂ니다, -어/아, -지, -ㅁ, -ㄴ걸, -ㄹ걸
감탄법	-구나, -로구나, -구먼, -로구먼, -구려, -로구려, -군, -로군, -어/아라, -어/아, -노라
의문법	-냐, -뇨, -ㄴ가, -ㄴ고, -나, -오/소, -ㅂ니까, -ㄹ까, -어/아, -지, -니, -련, -ㄹ래
약속법	-마, -ㅁ세, -리다, -오리다, -어/아, -ㄹ게
허락법	-렴, -려마, -려무나, -구려, -어/아
경계법	-ㄹ라, -리, -리다, -어/아
명령법	-어/아라, -거라, -너라, -여라, -도록, -엇/앗, -게, -오, -소, -ㅂ시오, -소서, -어/아, -지, -ㄹ것, -라
공동법	-자, -자꾸나, -세, -ㅂ시다, -어/아, -지

[표 9] 국어 문장종결법과 전형적 문장종결형(윤석민, 2010)

문장 종결 형식과 더불어 주어의 인칭, 서술어, 서술어와 호응하는 부사어, 시제 관련 선어말어미 등에 대한 정보가 발화문의 화행 유형을 결정하는 데에 중요한 정보가 된다.

예를 들어 임의의 문장은 다음과 같은 화행 표지를 갖고 있는 경우에 '약속' 화행으로 결정될 수 있다.

(3) 주어가 1인칭이거나 주어가 나타나지 않았는가?
  ☞ 약속 화행의 주체는 1인칭이어야 한다. 또한 1인칭은 발화에서 흔히 생략되므로 주어가 나타나지 않은 경우도 고려해야 한다.
  1y: 어미가 '-을게, -을게요, -지, -지요, -죠, -마, -음세'인가?
    ☞ 전형적인 약속법 종결 어미가 나타났는지 확인한다.
    2y: 과거 시제 표지가 있는가?
      3y: 다음 로직으로

☞ 약속법 종결 어미를 가지고 있더라도, 과거 시제 표지가 나타
난다면 약속 화행으로 볼 수 없다.
3n: 서술어가 형용사인가?
4y: 다음 로직으로
☞ 약속 화행에는 형용사가 관여하지 않는다. 서술어가
형용사라면 약속 화행으로 볼 수 없다.
4n: [약속 화행]으로 분석
☞ 전형적인 약속법 종결 어미를 가지고 있으면서 과
거 시제 표지가 없고 서술어가 형용사가 아니라면,
그 문장은 약속 화행으로 결정할 수 있다. 예) 내
가 그 일을 할게. / 시간 내에 완수하시면 150골드
드리죠. / 담에 다시 올게요. / 초급 알바 할게. / 한
번 믿어 보지.

(3)은 약속 화행 결정 로직의 일부를 보인 것이고, 이 외에도 발화
문에 나타난 형식적 표지들을 다양한 방식으로 포착함으로써 해당
발화문의 화행을 결정할 수 있다.

기본 1000문장을 통해 추출한 각 화행 유형별 화행 표지들의 예(호
출, 약속, 요청)를 보이면 다음과 같다.

화행	문형	종결 기호	종결 어미	TAM 어미 (양태 정보)	문서 벡터 (명제 정보)	인접어
호출	H11만 채워짐	·	ㅂ니다, 습니다, 어요		H11=실례하다	
	H11만 채워짐				H11=저, 저기, 야	

화행	문형	종결 기호	종결 어미	TAM 어미 (양태 정보)	문서 벡터 (명제 정보)	인접어
호출	H11만 채워짐				H11=명사+voc(아, 야)	
	H11만 채워짐				H11=명사+씨, 님, 군, 양	
	H11만 채워짐				H11=선생님, 손님, 사장님	
	H11만 채워짐				H11=언니, 형, 누나, 이모, 엄마, 아빠, 삼촌, 자네, 너	
	H11만 채워짐				H11=고유명사	
약속		.	을게		H6=null, 나	
		.	습니다, 어, 어요	겠, 을 것이	H11=하다, H6=null, 나	도록
		.	습니다, 에요, 어, 어요	겠, 을 것이	H11=어 주다, 어 드리다, H6=null, 나	
		.	지, 마, 음세		H6=null, 나	
		.	어, 어요	을게	H6=null, 나	
		.	어, 네, 다	겠	H6=null, 나	
요청			아, 다, 습니다		H6=너, 당신, H11=좋다, 괜찮다	
		?	어, 니, 습니까, 냐, ㄹ까		H6=는 것이, H11=어떻다	
		?	어, 니, 습니까, 냐, ㄹ까		H11=어떻다	면
			어, 어라, 십시오, 시게, 게, 세요, 게나		H6=너, 당신	
		?	어, 니, ㅂ니까, 냐, ㄹ까	null or 겠	H11=되다, H4=안	면
			어라, 세요, 십시오, 어, 시게, 게, 게나		H11=어 주다	

화행	문형	종결 기호	종결 어미	TAM 어미 (양태 정보)	문서 벡터 (명제 정보)	인접 어
요청			어, 다, 습니다, 네요	겠	H11=좋다	2인칭 & 면
		?	어, 어요, 습니까, 나, 소	겠	H11=어 주다	
		?	ㄹ래, ㄹ래요		H11=어 주다	
			라고		H11=어 달다	
			은다, 은다네, 어, 네, 지	어야 하	H6=너, 당신	
			습니다, 네, 다, 어	겠	H6=null, 나, H11=기대하다, 요청하다, 기다리다, 바라다, 부탁하다, 부탁드리다	
			ㄹ게, ㄹ게요, ㅂ니다, 어요, 어		H6=null, 나, H11=기대하다, 요청하다, 기다리다, 바라다, 부탁하다, 부탁드리다	
			아라, 게, 아, ㅂ시오, 세요, 세		H6=우리, 너, 당신, H11=어 보다	
		?	나, 을래, 어, 습니까	지 않, 겠	H6=너, 당신, 우리	
		?	을래, 을래요		H6=우리, 너, 당신, H11=어 보다	
		?	습니까, 어요, 어, 니, 냐	겠	H6=우리, 너, 당신, H11=어 보다	

[표 10] 호출, 약속, 요청 화행 표지의 예

2) 자질 목록 확정

화행 결정 모듈을 구성하는 로직을 작성할 때, 자주 이용되는 어휘 요소나 문법 요소는 개별적으로 로직에 기록하는 것보다는 자질로 묶어서 기록하는 편이 편리하다. 예를 들면 "어미가 '-어, -어라, -십시오, -시게, -게, -세요, -게나, -라고, -라구, -지, -시지요'인가?"라는 기술 방식을 채택하지 않고 각 어미들에 공통된 자질을 묻는 "H12가 ⟨order⟩인가?"와 같은 기술 방식을 채택한다는 것이다. 여기에서 ⟨order⟩라는 자질은 '-어, -어라, -십시오, -시게, -게, -세요, -게나, -라고, -라구, -지, -시지요'에 공통된 자질이다. 이러한 기술 방식은 화행 결정 로직을 단순하게 만들 수 있다는 장점을 가진다.

또한 '-어, -어라, -십시오, -시게, -게, -세요, -게나, -라고, -라구, -지, -시지요'라는 어미들에 ⟨order⟩라는 자질을 부여하는 방식은 로직을 수정할 때에도 유용하다. 이후에 명령법 어미 목록을 확장해야 하는 경우가 생긴다면, 화행 결정 로직에 제시된 개별적 어미 목록을 직접 하나하나 수정하는 것보다는 새로 추가할 명령법 어미에 ⟨order⟩라는 자질값만을 부여하는 방식이 훨씬 간편하다. 즉 로직의 수정·보완 과정을 고려한다면 언어 요소들을 하나하나 로직에 기록하는 방식보다는 자질을 이용하는 방식이 편리하다는 것이다.

위와 같은 장점 때문에 이 연구에서는 개별적 언어 요소가 아니라 언어 요소들이 갖는 자질을 이용하여 화행 결정 로직을 작성하였다. 이 연구에서 이용한 자질 목록 중 일부를 제시하면 아래와 같다. 화행 결정 로직 작성을 위해 이용한 자질의 전체 목록은 [부록 2]에 제시되어 있다.

자질	형태 목록
101	나(1인칭)
102	NPC명, 너, 당신(2인칭)
103	우리
104	누구

자질	형태 목록
call	아, 야
can	ㄹ 수 있다
complaint	잖아
condition	면
declaration	어, 어요, 다, 다네, 다고요, 다구요, 다구, 다고, 습니다, 네, 소, 지, 지요, 에요, 네요

[표 11] 자질 목록 샘플

3) 화행 결정 로직 작성 결과

위의 방법을 통하여 작성한 화행 결정 로직의 일부를 보이면 다음과 같다. H1~H12는 문장 분석 벡터상의 위치를 지시하는 번호이고[16] '〈 〉' 안의 값은 언어 형식들이 가지는 자질값이다. 특정 문장 분석 벡터의 위치에 특정 자질값이 포함되어 있는지를 확인하는 과정을 반복적으로 거침으로써 화행을 결정하게 된다.

// [Greeting]

[greeting_out]

H11이 〈902〉인가?
  1y: H12가 〈question〉인가?
    2y: [greeting_in]으로 분석 [안녕?]
    2n: [greeting_out]으로 분석 [안녕.]

---

16. 문장 분석 벡터 양식은 [각주 11]에 제시되어 있다.

1n: H11이 〈504〉인가?
  2y: H6이 〈102〉인가?
    3y: H12가 〈order〉인가?
      4y: H12가 〈question〉인가?
        5y: [greeting_in] 모듈로
        5n: [greeting_out]으로 분석 [그럼 수고하세요.]
      4n: [greeting_in] 모듈로
    3n: [greeting_in] 모듈로
  2n: H11이 〈505〉 또는 〈610〉인가?

(중략)

// [declaration]
H11에 〈N〉, 〈V〉, 〈A〉가 있는가?
  1y: [declaration]으로 분석
  1n: non-understanding으로 처리

화행 결정 모듈의 마지막 단계는 단언 화행(declaration) 결정 로직이다. 일상 대화나 게임 대화 모두에서 단언 화행의 빈도가 높은데, 단언 화행은 그 범위가 넓어서 다른 화행처럼 특정 화행 표지로 결정하기가 어렵다. 단언 화행은 '정보의 전달'이라는 의도를 내포한 것으로서 매우 다양한 개념을 표현하는 것이기 때문이다. 따라서 (무의미 발화를 제외하고) 다른 모든 화행으로 결정되지 못하고 남아 있는 발화문들은 '단언 화행'으로 결정되도록 하였다.

화행 결정 모듈을 모두 통과하고도 화행이 결정되지 않은 발화문은 최종적으로 'non-understanding'으로 처리된다. 대화시스템의 어휘부 정보를 바탕으로 분석할 수 없는 무의미 발화가 입력된 경우에 이러한 처리를 거치게 된다. 이때 대응 화행은 [response_reask]로 결정되며, "다시 말씀해 주시겠습니까?"와 같은 대응문을 산출함으로써 대화시스템 이용자로 하여금 다른 발화문을 생성하거나 발화문을 수정하도록 유도한다. 화행 결정 모듈의 전체적인 모습은 [부록 1]에 제시되어 있다.

4.3. 인접 화행의 구조 구축 방법

인간의 발화 의도에 맞는 적절한 응답 방식을 알기 위해서는 특정 화행 다음에 어떤 화행이 위치하는 것이 자연스러운지를 실제 대화 자료를 바탕으로 분석하고, 이를 토대로 인접 화행의 구조를 구축할 필요가 있다. 그리고 그 정보를 토대로 인공지능 대화시스템의 한 모듈로 대응 화행 결정 모듈을 구성해야 한다.

대응 화행 결정 모듈은 사용자가 입력한 발화문에 적절하게 대응하는 시스템 응답문의 화행을 결정하는 로직이다. 예를 들어 사용자 발화문이 '시작 인사' 화행일 때에는 시스템 응답문도 '시작 인사' 화행이 되는 것이 자연스럽고, 사용자 발화문이 '요청' 화행일 때에는 시스템 응답문이 '수용'이나 '거절' 화행으로 결정되는 것이 자연스럽다. 시스템이 사용자의 발화 의도를 정확히 파악했다면 그 의도에 맞는 응답문을 산출해야 하는데, 이때 기본이 되는 것이 응답문의 화행을 적절히 결정하는 일인 것이다.

대응 화행 결정 모듈의 언어학적인 기본 개념은 대응쌍과 선호 조직의 개념을 전제로 한다. 대응쌍은 일상 대화에서 '질문-대답', '인사-

인사', '요청-수용' 등의 형태로 나타나며, 다음 화자를 선정하는 기술
로서의 순서교대와 긴밀하게 관련되어 있다. 그런데 실제 대화 자료
를 살펴보면, 대응쌍은 다양한 양상으로 나타난다. 대응쌍의 엄격
한 인접성은 매우 강력한 요건이지만 그 사이에 삽입 발화(insertion
sequence) 현상이 일어날 수 있으며, 대응 화행에도 많은 변이형이 나
타날 수 있다(Levinson 1983).

　이처럼 대응 화행은 다양하게 나타날 수 있지만, 선호되는 대응쌍
과 선호되지 않는 대응쌍은 구분될 수 있다. 대응쌍의 선호도는, 일
반적으로 사람들이 상대방의 체면을 세워주거나 자신의 체면을 유지
하기 위해 선택하는 반응과 관련된다.[17)]

　Levinson(1983)에서 제시된 선호 조직을 살펴보면 [표 12]와 같다.
화자가 '요청'을 하면 청자는 화자의 체면 유지를 위해 '거절'보다는 '수
용'을 선택한다. 반대로 화자가 청자를 '비난'하면 청자는 자신의 체
면 유지를 위해 '인정'하기보다는 '부인'하는 편을 택한다고 본다. 또
한 화자가 '질문'을 하면 청자는 질문 내용과 관련하여 예측할 수 있
는 '답변'을 제공한다. 이처럼 실제 대화에서 암묵적으로 서로의 체
면을 손상시키지 않기 위해 협력하는 대화 양상이 나타나는 것을 관
찰할 수 있다.

---

17. Goffman(1967)은 인간의 상호작용을 설명하는 개념으로 '체면'을 연구하였다.
Brown and Levinson(1978)의 연구에 따르면 체면은 보통 두 가지 측면으로 해석
된다. 하나는 적극적인 것으로 자립적, 독립적 주체로서 한 사람의 신분을 확인해
주는 것이다. 반면 소극적인 것은 한 사람이 외부의 간섭이나 부당한 외부 압력으
로부터 벗어나 있음을 강조하는 것이다. 사람들은 협조적으로 행동하면서 상대방
의 '소극적 체면'에 대해 위협을 가하는 것을 피하고, '적극적 체면'을 세워 주려고 노
력한다(이성범 역, 2007:130-131).

주는 말		요청	제의/초대	평가	질문	비난
받는 말	선호적	수용	수용	동의	예견된 답	부인
	비선호적	거절	거절	반대	예견 못한 답	인정

[표 12] 선호 조직과 비선호 조직

게임 대화에서는 사용자와 NPC의 주고받는 말로 대응쌍이 구성된다. 게임 대화는 화자와 청자의 관계와 역할이 분명하게 설정되어 있고 서로의 대화 목적이 뚜렷하기 때문에, 대응쌍의 선호 조직의 개념을 대응 화행 결정 모듈에 반영하면 보다 자연스러운 대화를 추구할 수 있다. 즉 게임 대화는 목적성이 강하기 때문에, NPC 개별적인 캐릭터 특성에 따라 발화 태도와 어투 등은 다소 다를 수 있더라도 기본적으로 사용자와 NPC가 상호 협력을 기반으로 대화를 진행할 것이라는 전제를 가지고 대응쌍 구조를 조직하면 대화를 자연스럽게 이끌어 나갈 수 있는 것이다.

이러한 점에서 Grice(1975)의 대화 협력 원리는 게임 대화 안에서 유효한 규칙으로 작용한다. NPC는 사용자에게 게임 세계에 대한 규칙과 정보를 제공하고 퀘스트를 전달하는 역할을 수행하기에 대화의 협력 원리를 준수하여 응답을 한다. 사용자 또한 NPC에게 적절한 반응을 얻음으로써 게임을 유리하게 진행하기 위해 대화의 협력 원리에 의거하여 원활하게 대화를 진행하고자 한다. 일상적인 대화에서는 흔히 화자의 목적을 달성하기 위해 의도적으로 대화의 협력 원리를 어기는 경우를 볼 수 있지만, 게임 대화에서는 NPC의 역할이 고정되어 있기 때문에 대체로 대화의 협력 원리에 의거한 대화를 이끌어 나갈 수 있는 것이다.

사용자와 NPC 발화의 대응쌍은 게임 세계라는 제한된 영역에서 이루어지는 대화라는 점에서 정형화된 패턴을 보이면서도 실제 대화와 마찬가지로 다양한 변수를 갖는다. 그러므로 시스템은 변수가 나타나는 대화 상황에서도 유연한 반응을 보일 수 있어야 한다. 이를 위해서는 인간 대화에서 이루어지는 다양한 대응쌍을 말뭉치 자료에서 추출하고 게임 대화의 특성에 맞게 가공하여 그 정보를 대응쌍의 선호도를 결정할 때 반영할 필요가 있다. 이를 통해 대화 진행의 유연성을 얻을 수 있는 것이다. 대응 화행 결정 모듈에서 대응쌍의 선호도는 사용자의 화행에 반응할 수 있는 후보 화행의 순위로 나타나는데, 말뭉치에 나타나는 대응쌍의 빈도를 살핌으로써 후보 화행의 순위를 결정할 수 있다.

화행 분석을 이용해 대화의 유연성에 접근한 기존 연구로 송도규 외(1998, 2000)이 있다. 이 논의에서는 중고 자동차 매매라는 제한 영역에서의 화행 흐름을 조직하기 위해 대응쌍의 빈도에 따라 주된 반응을 보이는 화행을 선별하였다. 이 연구는 [ask_what, ask_which, ask_yes/no, confirmation, give_act, give_info, greeting_in, greeting_out, promise, rejection, request_act, request_info, response]의 13가지 화행에 한정하여 36가지의 대응쌍을 추출하였는데, 조사 대상으로 한 화행의 수가 한정되어 있어서 좀 더 다양한 변수가 존재하는 대화 상황에서 유연한 반응을 보이기에는 무리가 있다.

김세종 외(2008:374-375)에서는 제한 영역을 대상으로 화행 정보를 이용한 대화시스템을 활용하고 있는 분야로는 기차 예약, 항공 예약, 인터넷 쇼핑(도우미) 등이 있는데, 적용 영역이 한정된 경우에는 화행 분석이 비교적 높은 성능을 보이는 반면, 영역 독립적인 경우에는 화행 분석이 상당히 낮은 성능을 보인다고 지적하였다. 이는 제한된 시나리오를 기반으로 하여 한정된 화행만을 다루고, 화행을 세부적으로 분류하지 않은 데서 원인을 찾을 수 있다. 최근에는 김민정 외 (2006), 김세종 외(2008) 등에서 영역 독립적인 대화를 자연스럽게 처리하기 위한 연구들이 이루어진 바 있는데, 화행의 유형을 세분하고 실제 언어 자료를 검토함으로써 대응쌍의 선호 조직을 구성하는 작업은 다양하게 시도될 필요가 있다.

4.3.1. 대응 화행 결정 모듈의 구성

인공지능 대화시스템을 위한 대응 화행 결정 모듈을 구성하기 위해 다음과 같은 다섯 단계를 거쳤다.

1) 기본 1000문장(500개의 대응쌍)을 바탕으로 대응쌍의 유형과 빈도를 분석하였다.
2) 게임 세계의 특수성을 고려하여 작성한 게임 대화 가상 시나리오를 분석하여 대응쌍의 유형과 빈도를 분석하였다.
3) 말뭉치 자료와 게임 대화 가상 시나리오의 분석 결과를 종합하여 대응쌍의 빈도에 따라 대응 화행의 선호도를 결정하였다.
4) 발화문의 화제어가 게임 세계에서의 임무 수행에 중요한 화제어인지(main 화제어) 부수적인 화제어인지(sub 화제어) 대화를 이끌어 나가는 데에 기능적인 역할만 하는 화제어인지(func 화제어)에 따라 로직을 구분하고, 대응쌍의 빈도와 선호 조직을 고려한 가중치에 따라 랜덤으로 대응 화행이 결정되는 방식을 구현하였다.

대응 화행 결정 모듈을 구성하기 위해 기초적으로 검토한 자료는 기본 1000문장(500개의 대응쌍) 자료와 게임 세계에서 상정될 수 있는 NPC와 사용자의 대화를 가상으로 작성한 게임 대화 시나리오 154쌍이다. 구어 말뭉치는 인간 대화에서 나타나는 다양한 형태의 화행을 다룬다는 점에서 의의가 있고, 게임 대화 가상 시나리오는 게임 세계의 지식과 캐릭터의 특성, 게임 대화의 목적 등을 종합적으로 반영한 것으로서 게임 대화를 대상으로 하는 대화시스템에 직접적으로 적용될 수 있는 언어 자료를 다룬다는 점에서 의의가 있다. 이 두 자료에서 대응쌍을 분석하고 그 유형과 빈도를 살펴보는 작업은 대화 구조의 정형성과 다양성을 확보하기 위한 것이다.

아래의 [표 13]은 기본 1000문장(500개의 대응쌍)에서 나타나는 시작 화행에 따른 대응 화행의 유형을 분류하여 정리한 것이다. 29가지의 시작 화행을 기준으로 삼아 총 132가지의 대응쌍이 도출되었다. 대응 화행은 빈도 순서로 나열하였다. 화자와 청자가 수평적인 관계에 놓여 있는 상황에서 실시간으로 자유로운 분위기에서 이루어진 대화이기 때문에 시작 화행에 대한 대응 화행이 다양하게 나타났다.

시작 화행	대응 화행
ask_amount	declaration
ask_how	declaration, response_reask, ask_why, ask_yn, response_noknowing
ask_property	declaration
ask_what	declaration, response_negative, response_reask, ask_yn, criticism
ask_when	declaration, response_reask
ask_where	declaration, response_negative, response_positive

시작 화행	대응 화행
ask_which	declaration, response_positive
ask_who	declaration, response_negative
ask_why	declaration, response_negative, response_reask
ask_yn	declaration, response_positive, response_negative, response_reask, ask_yn, accept, agreement, ask_amount, ask_how, ask_what, ask_who, criticism, response_confirmation
attention	accept, thanks, declaration, response_positive, ask_what, ask_property, criticism, response_none
ban	response_none
call	response_none, response_positive, ask_yn, response_reask
complaint	declaration, agreement, ask_yn, ask_why
concern	declaration, ask_yn
criticism	declaration
declaration	declaration, agreement, response_confirmation, response_reask, ask_yn, ask_why, ask_what, request, response_none, accept, ask_how, ask_where, objection, response_positive, statement_*, thanks, wish
greeting_in	response_none, greeting_in
greeting_out	greeting_out, request, response_positive
guess	declaration, response_positive, response_negative, agreement, wish
praise	ask_yn, boast, declaration, praise
promise	thanks, accept, response_reask, statement_*, threat
rejection	ask_how

시작 화행	대응 화행
request	accept, declaration, rejection, ask_yn, response_reask, response_negative, ask_how, ask_where, ask_why, response_none, ask_what, ask_who, criticism, guess, request, thanks
response_confirmation	declaration, criticism, response_negative, agreement
statement_*	declaration, agreement, response_positive, statement_*, accept, ask_which, ask_yn, complaint, criticism, rejection, request
thanks	accept
threat	ask_yn, criticism
wish	declaration, accept, response_positive, response_reask

[표 13] 기본 1000문장에서 나타나는 대응쌍 유형

다음 [표 14]는 게임 대화 가상 시나리오 154쌍을 분석하여 대응쌍을 분석한 결과이다. 시작 화행 23가지에 대하여 총 76가지의 대응쌍이 도출되었다. 여기에서 시작 화행은 사용자의 발화에 해당하고, 대응 화행은 NPC의 발화에 해당한다. 말뭉치 자료의 분석 결과와 비교하면 게임 대화는 인간 대화에 비해 주고받는 말의 패턴이 정형화되어 있고, 화행이 고정되어 있다는 것을 알 수 있다. 이는 게임 대화의 특성상 사용자와 NPC의 발화 목적이 분명하고, 게임 세계 지식이 제한되어 있다는 특징이 반영된 결과이다.

게임 대화는 인간 대화와 달리 친교 목적의 대화보다 과제 수행 목적의 대화가 주로 이루어지기 때문에 사용자의 목적이 달성되면 대화가 종결되는 경우가 많다. 이에 따라 [thank] 또는 [promise] 화행을 가진 발화문에 대해서 NPC의 화행이 [greeting_out]으로 도출되어

대화가 종결되는 양상을 보이는 경우가 많다. 또한 사용차가 NPC에게 아르바이트 또는 퀘스트를 요청하거나 게임 정보를 질문하는 경우가 많아 대응 화행으로 [ask], [request] [declaration], [response] 등의 특정 화행이 빈번하게 나타났다.

시작 화행(사용자)	대응 화행(NPC)
ask_amount	promise, declaration, request
ask_how	declaration, guess, request, ban
ask_what	declaration, request, ask_what
ask_where	declaration, response_noknowing, request
ask_which	declaration
ask_why	declaration, response_reask, ask_yn
ask_yn	declaration, promise, request, ask_yn, response_noknowing, response_positive, statement_like
complaint	response_positive
criticism	request
declaration	request, declaration, ask_yn, ask_why, boast, greeting_out, response_chimein, response_negative, response_positive, statement_happy, statement_hate, ask_what
guess	ask_yn, declaration
praise	statement_angry, ask_what, ask_yn, declaration
promise	request, greeting_out, promise
rejection	response_positive
request	declaration, request, ask_yn, ask_what, promise, response_positive, guess, ask_property
statement_happy	request, ask_yn
statement_wonder	ask_why
wish	ask_yn, boast

시작 화행(사용자)	대응 화행(NPC)
response_confimation	request, ask_why
response_negative	greeting_out, promise, ask_yn
response_none	greeting_out, request
response_positive	greeting_out, promise, request, wish, attention
thanks	greeting_out, request, statement_happy

[표 14] 게임 대화 가상 시나리오에서 나타나는 대응쌍 유형

이상으로 분석한 결과를 종합하여 게임 대화의 특성에 맞는 대응쌍을 제시하면 다음 [표 15]와 같다. 즉 [표 15]는 시작 화행 및 그에 대한 적절한 대응 화행의 쌍을 나타낸 것이다. 다만 시작 화행이 [ask] 또는 [request]일 때에는 대응 화행 결정 모듈이 아닌 지식베이스 탐색 모듈에서 대응 화행이 결정되도록 하였는데, 지식베이스에 해당 질문이나 요청과 관련한 정보가 있는지를 탐색한 후에야 어떤 유형의 응답을 산출할 것인지를 결정할 수 있기 때문이다.

시작 화행(사용자)	대응 화행(NPC)
greeting_out	greeting_out, response_positive
greeting_in	greeting_in, response_positive
response_positive	greeting_out, request, promise, wish
response_reask	NPC의 이전 발화 산출, greeting_out
response_confirmation	greeting_out, response_positive
response_noknowing	response_positive, greeting_out
response_negative	response_positive, greeting_out, promise
response_none	greeting_out
call	response_positive, ask_what, ask_why, request
thanks	statement_like, response_positive, praise, request, greeting_out

시작 화행(사용자)	대응 화행(NPC)
promise	request, response_positive, accept, promise, greeting_out
threat	declaration, criticism, promise, request, ask_why, greeting_out
ban	declaration, criticism, promise, request, ask_why, greeting_out
attention	declaration, criticism, promise, request, ask_why, greeting_out
statement_feeling	response_positive, response_confirmation, request, ask_why, greeting_out
apology	response_positive, request, ask_why, greeting_out
praise	thanks, response_positive, ask_what, ask_why, greeting_out
boast	response_confirmation, praise, response_positive, ask_what, statement_like, request, greeting_out
objection	promise, threat, criticism, response_reask, ask_why, greeting_out
concern	declaration, promise, comfort, attention, ask_yn, greeting_out
comfort	thanks, declaration, response_positive, greeting_out
wish	declaration, ask_yn, response_positive, response_reask, greeting_out
envy	boast, declaration, response_positive, wish, greeting_out
accept	response_positive, declaration, greeting_out
rejection	ask_how, response_positive, request, declaration, greeting_out
guess	agreement, response_positive, declaration, greeting_out
criticism	declaration, response_negative, statement_angry, greeting_out
complaint	declaration, promise, response_reask, ask_why, greeting_out

시작 화행(사용자)	대응 화행(NPC)
declaration	request, declaration, ask_what, ask_why, ask_yn response_positive, greeting_out, thanks, statement_ like

[표 15] 대응 화행 결정 모듈에서 이용하는 대응쌍의 유형

4.3.2. 대응 화행 결정 모듈의 구축 과정

대응 화행 결정 모듈은 다음과 같은 구성 원칙을 토대로 작성되었다.

1) 빈도를 고려하되 무작위로, 후보 화행 중 대응 화행을 결정한다. 사용자의 발화문에 대한 NPC의 대응 화행은 [표 15]에 나열되어 있는 후보 화행 중에서 랜덤으로 결정된다. 그러나 완전히 무작위로 결정되는 것은 아니고, 언어 자료에서 나타나는 대응쌍 유형의 빈도에 따라 각 후보 화행에 서로 다른 가중치를 부과함으로써 가중치를 고려한 무작위 결정 방식을 이용한다. 이는 사용자와 NPC의 대화 패턴이 상호 간에 예측될 수 있도록 하면서도 가능한 한 다양한 대화 패턴이 나타날 수 있게 하기 위한 방안이다. 이 방식은 후보 화행에 가중치를 부여하여 인접쌍의 선호 조직을 반영하는 동시에 대화 흐름의 유연성을 보장할 수 있다.

2) 사용자의 발화 순번을 고려하여 대응 화행을 결정한다.

대응 화행 결정 모듈에서 시작 화행에 대한 후보 화행은 사용자의 발화 순번에 영향을 받는 경우가 있다. 즉 사용자와 NPC의 대화가 1회의 주고받음으로 끝나지 않고 그 이상으로 심화될 수 있는데, 1, 2차 대응쌍인지 3차 대응쌍인지에 따라 시작 화행에 대한 후보 화행의 우선순위와 종류가 달라질 수 있다는 것이다.

예를 들어, 효율적인 대화시스템 구성을 위하여 [그림 3]과 같이 사용자와 NPC의 연속 대화를 3회로 제한하는 것으로 상정하는 경우에, 사용자가 3차 연속 발화(사용자3)에서 [promise] 화행을 산출하면 NPC는 화자의 발화를 대화를 마무리하기 위한 간접적인 인사로 해석한 후 [greeting_out]이라는 대응 화행을 랜덤으로 산출할 수 있다.

김민정 외(2006:247)에서는 간접 화행을 고려하지 않은 상태에서 제한 영역에 비종속적인 화행을 연구한 바 있는데, 연속 발화 횟수가 제한된 대화에서는 화자의 발화 순번을 참조함으로써 이와 같은 간접 화행을 보다 유연하게 처리할 수 있다. 화자의 발화 순번이 직접적으로 대화의 구조로 기능하기 때문이다. 이는 기본 대화 구조인 대응쌍이 화자의 발화 의도를 판단하는 데 일부 오류를 보이는 문제점을 보완해 주는 역할을 한다.

NPC 출현 ➡ 사용자 1 → NPC 1 ➡ 사용자 2 → NPC 2 ➡ 사용자 3 → NPC 3

[그림 3] NPC와 사용자의 대화 흐름

3) 발화문에 포함된 화제어의 속성에 따라 로직을 구분한다.

화제어의 속성은 발화문이 요구하는 정보력의 정도를 알 수 있게 하는 역할을 한다. 이에 따라 대응 화행 결정 모듈을 main/sub와 func 로직으로 구분한다. 이와 같이 로직을 구분하는 이유는 대화의 목적에 따라 대화의 흐름이 달라질 수 있기 때문이다. 주로 NPC로부터 중요한 정보를 획득하려는 목적이 있으면 main 대화의 로직을 따르게 되고 정보의 획득의 요구 정도가 낮은 정도에 따라 sub 대화와 func 대화로 구분하면 전체적인 로직을 간단하게 만들 수 있다.

이 중 정보의 요구 정도가 가장 낮으면서 주로 친밀감이나 정서적 교감을 위한 대화는 func 유형이다. 이 경우는 가장 간단하게 대응 화행을 결정할 수 있다. 시작 화행이 [greeting], [response], [call], [thanks]인 경우가 이에 해당하는데, 이처럼 대응 화행 결정이 간단한 경우를 먼저 처리하고 복잡한 처리 단계로 넘어가는 것이 효율적인 모듈 구성을 도모할 수 있다. 따라서 func 유형 처리 로직을 먼저 거친 후, 그 다음에 main/sub 유형 로직을 거치도록 한다.

[greeting], [response], [call], [thanks] 화행의 발화문은 정보를 전달하기보다 대화를 시작하거나 종결하고, 단순히 반응하는 등의 기능적인 역할을 한다. 이에 대한 대응 화행도 마찬가지로 대화를 시작하거나 종결하는 구조적인 측면과 대화를 이어가기 위한 기능적인 측면에서 산출된다. 이는 사용자의 발화 순번과 무관하게 동일한 반응을 요구하기 때문에 사용자의 발화 순번을 탐색하는 절차를 생략한다. func 로직을 구성하는 대응쌍 정보를 제시하면 다음과 같다.

시작 화행	사용자의 발화 순번	대응 화행
greeting_out	사용자1, 2, 3	greeting_out, response_positive
greeting_in	사용자1, 2, 3	greeting_in, response_positive
response_positive	사용자1, 2, 3	greeting_out, request, promise, wish
response_reask	사용자1, 2, 3	NPC의 이전 발화 산출, greeting_out
response_ confirmation	사용자1, 2, 3	greeting_out, response_positive
response_ noknowing	사용자1, 2, 3	response_positive, greeting_out
response_ negative	사용자1, 2, 3	response_positive, greeting_out, promise
response_none	사용자1, 2, 3	greeting_out
call	사용자1, 2, 3	response_positive, ask_what, ask_why, request
thanks	사용자1, 2, 3	statement_like, response_positive, praise, request, greeting_out

[표 16] func 로직에 적용되는 대응쌍 유형

func 유형에 대한 대응 화행 결정 로직에서 대응 화행이 결정되지 않으면, '언약, 지시(요청 제외), 진술' 화행의 순서로 main/sub 유형에 대한 대응 화행 결정 로직 탐색을 진행한다.

이때 사용자의 발화 순번에 따라 대응 화행 후보가 달라질 수 있으므로 사용자의 발화 순번을 탐색하는 절차도 함께 거친다. main/sub 유형은 게임 정보와 관련하여 정확한 응답을 해주어야 하는 경우에 해당한다. 퀘스트 및 아르바이트 수행, 게임 세계 지식 전달, 게임 규칙 정보 등의 과제 수행을 위한 대화나 친교 목적을 위한 대화의 대응 화행을 처리하기 때문에 NPC가 사용자의 발화 의도를 보다 정밀하게 파악해야 대화가 원활하게 진행될 수 있다. 이에 이 로직은 사용자의 발화 순번을 탐색하는 절차를 거쳐야 하는 것이다.

main/sub 로직은 지식베이스 탐색 모듈에서 대응 화행을 결정하는 [ask], [request]와 func 로직에서 처리하는 10가지 세부 화행을 제외하고, 총 34가지의 화행을 처리한다. 여기에서 33가지는 자질값이 main과 sub인 두 경우를 통합하여 처리하고, [declaration]은 예외 규칙을 적용하여 main 유형인지 sub 유형인지에 따라 서로 다른 로직으로 대응 화행을 결정한다. [declaration]은 사용자가 높은 빈도로 사용하는 화행이면서 NPC에게 요구하는 정보력의 정도가 강하고 약한 차이를 보이면서 대응 화행이 다르게 결정되기 때문이다. main/sub 로직을 구성하는 대응쌍 정보를 제시하면 다음과 같다.

시작 화행	사용자의 발화 순번	대응 화행
promise	사용자1	request, response_positive, accept, promise
	사용자2	request, response_positive, accept, promise
	사용자3	greeting_out, request, response_positive, accept, promise
threat	사용자1	declaration, criticism, promise, request, ask_why
	사용자2	declaration, criticism, promise, request, ask_why
	사용자3	declaration, criticism, promise, request, greeting_out
ban	사용자1	declaration, criticism, promise, request, ask_why
	사용자2	declaration, criticism, promise, request, ask_why
ban	사용자3	declaration, criticism, promise, request, greeting_out

시작 화행	사용자의 발화 순번	대응 화행
attention	사용자1	declaration, criticism, promise, request, ask_why
	사용자2	declaration, criticism, promise, request, ask_why
	사용자3	declaration, criticism, promise, request, greeting_out
statement_feeling	사용자1	response_positive, response_confirmation, request, ask_why
	사용자2	response_positive, response_confirmation, request, ask_why
	사용자3	response_positive, response_confirmation, requset, greeting_out
apology	사용자1	response_positive, request, ask_why
	사용자2	response_positive, request, ask_why
	사용자3	response_positive, request, greeting_out
praise	사용자1	thanks, response_positive, ask_what, ask_why
	사용자2	thanks, response_positive, ask_what, ask_why
	사용자3	thanks, response_positive, greeting_out
boast	사용자1	response_confirmation, praise, response_positive, ask_what
	사용자2	response_confirmation, praise, response_positive, ask_what
	사용자3	statement_like, praise, response_positive, request, greeting_out
objection	사용자1	promise, threat, criticism, response_reask, ask_why
	사용자2	promise, threat, criticism, response_reask, ask_why
	사용자3	promise, threat, criticism, greeting_out

시작 화행	사용자의 발화 순번	대응 화행
concern	사용자1	declaration, promise, comfort, attention, ask_yn
	사용자2	declaration, promise, comfort, attention, ask_yn
	사용자3	declaration, promise, comfort, attention, greeting_out
comfort	사용자1	thanks, declaration, response_positive
	사용자2	thanks, declaration, response_positive
	사용자3	thanks, declaration, response_positive, greeting_out
wish	사용자1	declaration, ask_yn, response_positive, response_reask
	사용자2	declaration, ask_yn, response_positive, response_reask
	사용자3	declaration, ask_yn, response_positive, response_reask, greeting_out
envy	사용자1	boast, declaration, response_positive, wish
	사용자2	boast, declaration, response_positive, wish
	사용자3	boast, declaration, response_positive, wish, greeting_out
accept	사용자1	response_positive, declaration
	사용자2	response_positive, declaration
	사용자3	response_positive, declaration, greeting_out
rejection	사용자1	ask_how, response_positive, request, declaration
	사용자2	ask_how, response_positive, request, declaration
	사용자3	ask_how, response_positive, request, declaration, greeting_out
guess	사용자1	agreement, response_positive, declaration

시작 화행		사용자의 발화 순번	대응 화행
guess		사용자2	agreement, response_positive, declaration
		사용자3	agreement, response_positive, declaration, greeting_out
criticism		사용자1	declaration, response_negative, statement_angry
		사용자2	declaration, response_negative, statement_angry
		사용자3	declaration, response_negative, statement_angry, greeting_out
complaint		사용자1	declaration, promise, response_reask, ask_why
		사용자2	declaration, promise, response_reask, ask_why
		사용자3	declaration, promise, greeting_out
declaration	main	사용자1	request, declaration, ask_what, ask_why, ask_yn
		사용자2	request, response_positive, ask_yn
		사용자3	request, greeting_out
	sub	사용자1	thanks, statement_like
		사용자2	thanks, response_positive
		사용자3	greeting_out, request

[표 17] main/sub 로직에 적용되는 대응쌍 유형

이상의 내용을 정리하면, 대응 화행 결정 모듈에서는 다음의 절차에 따라 대응 화행을 결정하는 과정을 거친다.

1) 발화문에 포함된 화제어의 속성(main, sub, func)을 확인한다.
2) 화행 결정 모듈의 산출값을 확인한다.

3) 대분류 '인사', '반응', '호출'과 '감사' 화행의 순서대로 func 모듈을 탐색한다.

4) 사용자의 발화 순번 정보를 고려하여 대분류 '언약', '지시', '진술' 화행의 순서대로 main/sub 모듈을 탐색한다.

5) 처리 불가능한 입력문(non-understanding)에는 '되묻기(response_reask)' 대응 화행을 산출한다.

'약속(promise)' 화행에 대한 대응 화행 결정 과정을 예로 들어 대응 화행 결정 모듈의 구성을 보이면 아래와 같다. 먼저 [promise]로 결정된 사용자의 발화 순번을 탐색한 후, 나열된 후보 화행 중에서 랜덤으로 한 가지를 선택한다. 후보 화행이 나열된 순서는 대응쌍의 선호도를 반영하여 우선순위를 부여한 결과이므로 가장 왼쪽에 있는 화행이 랜덤으로 선택될 가능성이 높다. 첫 번째 발화 순번(사용자1)과 두 번째 발화 순번(사용자2)에서 [promise]가 산출된 경우에는 [request] 또는 [response_positive]를 대응 화행으로 결정할 가능성이 높고, 세 번째 발화 순번(사용자3)에서 산출된 경우에는 [greeting_out]을 대응 화행으로 결정할 가능성이 높다. 이는 게임의 시나리오를 반영한 결과로, 사용자가 대화의 시작 단계(사용자1) 또는 중간 단계(사용자2)에서 약속 행위를 하는 의도는 NPC에게 아르바이트, 퀘스트 등을 요구하기 위한 목적이 강하지만, 대화 마무리 단계(사용자3)에서의 약속 행위는 NPC에게 아르바이트, 퀘스트, 게임 정보 등을 얻고 수행 의지를 긍정적으로 보인 후 대화를 종결하기 위한 목적이 강하다는 관찰 결과가 반영된 것이다.

대응 화행에 대한 전체 로직은 [부록 3]을 참조할 수 있다. 다음은 [promise] 화행의 일부 예를 보인 것이다.

// [promise]

사용자의 speech act가 〈promise〉인가?
　1y: 〈promise〉가 사용자1의 speech act인가?
　　2y: NPC1의 speech act는 [request] or [response_positive] or [accept]
　　　　or [promise] 후보 화행 중 랜덤 선택
　　2n: 〈promise〉가 사용자2의 speech act인가?
　　　3y: NPC2의 speech act는 [request] or [response_positive] or
　　　　[accept] or [promise] 후보 화행 중 랜덤 선택
　　　3n: NPC3의 speech act는 [greeting_out] or [request] or [response_
　　　　positive] or [accept] or [promise] 후보 화행 중 랜덤 선택
　1n: [threat] 모듈로

4.4. 지식베이스에 의한 지능적 추론 방법

　지식베이스는 전문가 시스템 구성 요소의 하나로서, 인공지능 시스템이 사용될 분야와 관련된 전문 지식, 문제 해결에 필요한 사실과 규칙 등이 저장되어 있는 데이터베이스이다. 지식베이스에는 정보가 지능적 추론이 가능하도록 구조화된 상태로 저장되어 있으며, 저장된 정보는 필요에 따라 바로 탐색될 수 있다(Ko, Changsoo 2009:1).

　게임 대화 시스템의 궁극적인 목적은 사용자가 요구하는 정보를 NPC가 정확히 이해하여 필요한 정보를 찾아 주거나 요청에 대해 적절한 수행을 하는 것이라고 할 수 있다. 특히 MMORPG의 경우에는 그 특성상 게임을 진행하기 위해 아르바이트나 퀘스트 등의 수행

을 자주 하게 되는데, 이때 사용자가 NPC에게서 필요한 정보와 협력을 적절히 얻어 낼 수 있어야 하기 때문에 지식베이스가 중요한 역할을 한다.

게임 대화 시스템을 위한 지식베이스는 게임 세계 규칙에 대한 지식, 게임의 주요 흐름과 관련된 사실 지식, 개별 NPC에 대한 지식, 게임 세계 용어에 대한 사전적 지식을 갖추어야 한다. 그리고 이 지식들은 효율적으로 탐색될 수 있는 형태로 가공되어야 한다.

4.4.1. 지식베이스의 유형

이 연구에서는 대화시스템에 적용할 지식베이스를 프레임 지식베이스, 의미망 지식베이스, 사실 지식베이스, 게임 세계 어휘 지식의 4가지 종류로 구분하여 구축하였다.[18] 각각의 지식베이스는 지식의 유형 및 지식의 구조화 방식에 따라 나뉜다. 이를 통해 정보 탐색의 효율성을 높일 수 있다.

---

18. 이 외에 게임 세계에서 쓰이는 주요 용어들의 유의어를 정리한 사전(시소러스)도 필요하다. 시소러스에는 예를 들어 '아르바이트'와 '알바'가 유의어로 연결되어 있어서, NPC는 사용자가 '아르바이트'에 대해 질문하든 '알바'에 대해 질문하든 동일한 정보를 제공할 수 있다. 이러한 시소러스도 지식베이스의 한 유형인데, 다른 지식베이스와 달리 형태소 분석 모듈에서 이용되는 어휘부의 일부로 존재한다는 점에서 다른 지식베이스와 구별된다. 시소러스에는 '아르바이트'와 '알바'가 모두 'arbeit'라는 자질을 가진 것으로 기록되어 있어서, 이에 따라 사용자의 입력문에 '아르바이트'나 '알바'가 존재하는 경우에 형태소 분석 단계에서 이 단어들에는 'arbeit'라는 자질이 공통적으로 기록된다. 그리고 이후에는 'arbeit'라는 자질로 프레임 지식베이스나 의미망 지식베이스, 사실 지식베이스를 탐색함으로써 사용자가 요구한 정보를 찾아내게 된다. 이러한 과정을 통해 사용자의 입력문에 '아르바이트'가 입력되든 '알바'가 입력되든 동일한 정보를 추출해 낼 수 있게 되는 것이다.

1) 프레임 지식베이스

프레임 지식베이스는 게임 진행의 안내자인 NPC에 대한 캐릭터 정
보를 담고 있는 지식베이스이다. 즉 인물 중심의 속성적 정보를 가지
고 있다.[19]

set		subset
직업	NPC의 직업	힐러, 마법사, 사제, 촌장 등
외모	NPC의 외적인 특징	머리색, 눈색, 피부
종족	인간/엘프/ 자이언트/ 마족 등의 구별	인간, 엘프, 자이언트, 마족 등

class		instance
장점	NPC의 성격적 장점	서글서글함, 소탈하고 남자다움, 예의 바름, 자상하고 긍정적임, 사려 깊음 등
단점	NPC의 성격적 단점	소심, 심한 주사, 냉정, 먹보, 자린고비 등

class		value
HP	체력도	80
마법치	마법 사용 능력치	60

[표 18] 프레임 지식베이스에 기록되는 정보의 예

---

19. 이 연구에서는 지식베이스를 구성하는 원소들을 set-subset, class-instance, class-
value로 단계적으로 구분하였다. 각각의 개념은 다음과 같다.

	개념	예
set	subset을 가진 상위 집합	subset인 '감자 채집', '양털 깎기'는 set '아르바이트 유형'에 속한다.
subset	set의 하위 집합	set '아르바이트 유형'의 subset은 '감자 채집', '양털 깎기'이다.
class	일반적으로 사물이나 개념 등에 붙이는 이름	'외모', '보상' 등
instance	class의 구체적인 형태	'레이널드(NPC 이름)', '노라를 좋아함', '노라는 예쁘다' 등
value	class나 instance가 갖는 수치	class '보상'의 value는 '200골드'이다.

2) 의미망 지식베이스

의미망 지식베이스는 NPC 및 관련 항목들을 관계망 형식으로 구축한 지식베이스이다. 의미망 지식베이스는 인물들의 관계를 드러냄으로써 각 NPC에 고유한 캐릭터를 부여해 주는 역할도 한다. 프레임 지식베이스에서는 NPC의 속성에 대한 정보를 프레임화하여 제공한다면, 의미망 지식베이스에서는 NPC와 관계된 주변 사물과 장소, 인물 관계, 아르바이트, 퀘스트에 대한 정보를 관계망 형식으로 제공하는 것이 특징이다. 각 정보는 클래스(class)와 인스턴스(instance)로 단계적으로 구성된다.

class	instance
좋아하는 물건	인삼, 여자 속옷 등
나이	20대 초반, 10대 초반 등
위치	목축지, 풍차, 학교 등
싫어하는 물건	마초적인 물건, 여성스러운 물건
좋아하는 사람	엔델리온
싫어하는 사람	노라

[표 19] 클래스와 인스턴스의 1단계

[표 19]는 각 NPC 캐릭터의 특징을 나타내는 부분으로, '좋아하는 물건 → 무엇'과 같은 형식의 2단계 구조를 가지고 있다.

클래스나 인스턴스는 [표 20]과 같이 값(value)을 가질 수도 있다.

class	value
초급 완전완료	200G
초급 중간완료	150G
초급 소량완료	100G
중급 완전완료	250G

class	value
중급 중간완료	200G
중급 소량완료	150G
고급 완전완료	300G
고급 중간완료	250G
고급 소량완료	200G

[표 20] 클래스 1단계와 값(value)

이처럼 의미망 지식베이스에는 상하위 관계에 있는 정보들이 단계적으로 연결되어 있다. 이러한 정보는 각각의 NPC를 중심으로 하여 조직되어 있다. 사용자가 NPC에게 아르바이트에 대한 정보를 요청하는 경우, NPC는 자신을 중심으로 한 정보가 조직되어 있는 의미망 지식베이스를 단계적으로 탐색함으로써 사용자가 요구한 정보를 찾아내어 제공할 수 있다. 예를 들어 사용자가 '양털 깎기의 보상 금액' 정보를 요청한 경우, NPC → 아르바이트 → 유형 → 양털 깎기 → 보상 → 값(value)를 순차적으로 탐색함으로써 보상에 해당하는 값을 찾아내게 되는 것이다.

의미망 지식베이스의 정보 조직 양상을 그림으로 제시하면 다음과 같다.

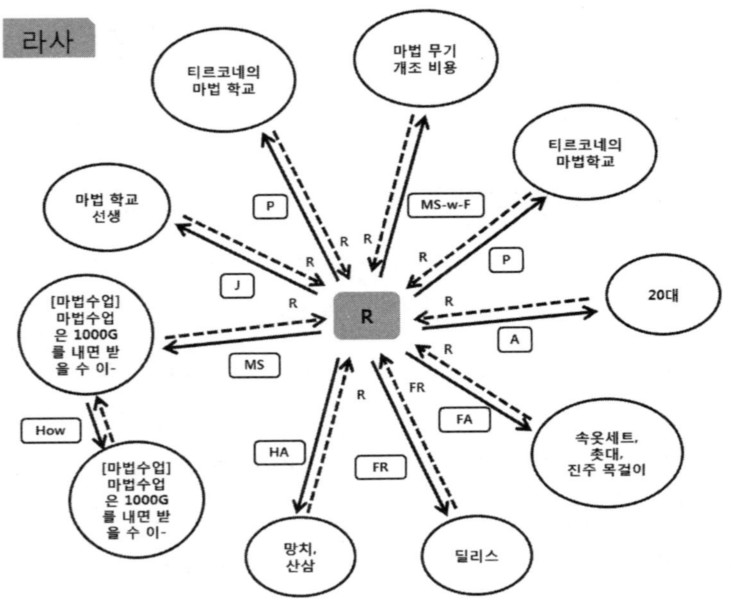

(R: 라사, P: 위치, A: 나이, FA: 좋아하는 것, FR: 친구, HA: 싫어하는 것, MS: 마법 스킬, J: 직업)

[그림 4] 의미망 지식베이스의 정보 조직 양상

3) 사실 지식베이스

사실 지식베이스에는 게임의 메인 스토리가 기록되어 있다. 그리고 인공지능 대화를 통해 누적된 사실 지식(문장 분석 벡터 형식으로 변환된 정보)을 저장할 수 있도록 구성되어 있다. 지식이란 미래에 사용할 수 있도록 저장되고 적절히 회상될 수 있어야 한다. 사실 지식베이스의 구조는 이러한 과정이 인간의 인지 능력에서 필수적인 것임을 포착하여 반영한 것이다. 사실 지식베이스는 게임의 메인 스토리를 중심으로 발생한 사건에 대한 정보를 [표 21]과 같은 문장 분석 벡터 형식으로 저장하고 있다.

핵심어				세 전사	글라스 기브녠		싸우	past
수식어				사라진				

"사라진 세 전사는 글라스 기브녠과 싸웠다."

[표 21] 사실 지식베이스 저장 예시

[표 21]과 같은 형식으로 저장된 지식을 이용하면, 사용자가 "사라진 세 전사는 무엇을 하였나요?"라고 질문하는 경우에 "글라스 기브녠과 싸웠다."라는 응답을 산출할 수 있다.

4) 게임 세계 어휘 지식베이스

게임 세계 어휘 지식베이스는 사전적인 정의가 필요한 용어를 정리하여 사용자에게 정보를 제공할 수 있도록 구축한 보조적인 지식베이스이다.

게임 세계 어휘	개념
무기개조	무기를 유저의 사용용도에 맞게 개조하는 것
자경단원	마을을 지키는 수비대원
인첸트	특정한 마법을 무기에 발라 해당 마법의 기능을 강화하는 것
요리대회	요리솜씨가 출중한 사람들이 겨루는 대회
방직 스킬	실로 천을 만드는 기술로서, 물레가 필요한 기술
포션 제조	약초를 가지고 포션을 만드는 기술

[표 22] 게임 세계 어휘 지식베이스의 내용

4.4.2. 지식베이스 탐색 모듈의 기본 전제

지식베이스 탐색 모듈은 시스템이 사용자에게 적절한 응답을 하는 데에 필요한 지식을 지식베이스로부터 탐색하는 절차를 기록한 것이다. 지식베이스 탐색 과정에서는 사용자 발화문의 화행과 화제어 정보 등이 이용된다.

1) 지식베이스 탐색에 필요한 기본 정보

지식베이스를 탐색할 때는 기본적으로 다음과 같은 정보가 필요하다.

가) 화행 정보: 사용자 입력문의 화행이 무엇인지에 대한 정보가 지식베이스 탐색 여부에 영향을 미친다. 예를 들어 사용자의 입력문이 질문이나 요청 화행으로 분석되는 경우에는 지식베이스 탐색 절차를 거쳐야 하지만, 인사나 호출 화행으로 분석되는 경우에는 응답문 산출을 위해 지식베이스를 탐색할 필요가 없다.

나) 화제어 자질(어휘 자질과 main/sub, func 자질): 화제어 자질은 형태소 분석 단계에서 이용하는 어휘부에 기록되어 있다. 예를 들어 '아르바이트'라는 단어는 게임 세계에서의 주요 단어이기 때문에 어휘부에 'main'(게임 세계의 주요 화제어라는 뜻)이라는 자질이 기록되어 있다. 사용자의 입력문 속에 'main'이나 'sub' 자질을 가지고 있는 어휘가 포함되어 있는 것으로 분석되면, 사용자 발화에 대한 적절한 응답을 제공하기 위해 지식베이스를 탐색하는 절차를 거쳐야 한다.

단어 '아르바이트'는 이와 동시에 'arbeit'라는 자질도 가지고 있
다. 지식베이스에서는 사용자가 입력한 단어인 '아르바이트'가
아니라 '아르바이트'의 자질명 'arbeit'를 키워드로 하여 정보를
탐색함으로써 사용자가 요구한 정보를 찾을 수 있다.

다) 문장 분석 벡터 정보: 주로 사실 지식베이스를 탐색할 때 이용
한다. 사용자의 입력문과 유사한 문장이 사실 지식베이스에 기
록되어 있는지를 탐색함으로써 사용자가 요구한 정보를 찾을
수 있다.

라) NPC: 대화 중인 NPC와 관련된 정보를 탐색해야 하므로 NPC
가 누구인지에 대한 정보가 필요하다.

마) 사용자, 게임 속 대화 장소, 대화 시간: 사용자에게 아르바이트
정보를 제공하는 경우를 생각해 보면, 사용자의 레벨이나 경력
에 따라 다른 정보를 제공해야 하는 경우가 생길 수 있다. 이
때 사용자 정보가 이용된다. 게임 속 대화 장소나 대화 시간
에 대한 정보도 다양한 응답을 제공하기 위한 목적으로 이용
될 수 있다.

2) 지식베이스 탐색 원칙

가) 입력문의 화행이 [ask], [request]인 경우에 지식베이스를 탐색한
다.; NPC는 사용자가 질문이나 요청을 한 경우에 그에 대한 정
확한 정보를 제공해야 한다. 그러므로 필수적으로 지식베이스
탐색 과정이 요구된다. 특히 사용자의 입력문이 [ask_YN]이나
[request]으로 파악되는 경우에, 그에 대한 응답이 긍정이 되어
야 하는지 부정이 되어야 하는지를 결정하기 위해서는 지식베

이스를 탐색해야만 한다. 즉 이러한 경우에는 대응 화행을 결
정하기 위해서도 지식베이스 탐색이 선결되어야 하는 것이다.

나) 화제어 자질이 main/sub인 경우에 지식베이스를 탐색한다.
func인 경우에는 지식베이스 탐색을 거치지 않고도 단순하게
적절한 응답을 산출할 수 있다.

4.4.3. 지식베이스 탐색 모듈의 구축 과정

지식베이스 탐색 모듈은 크게 두 가지 목적을 위해 이용된다. 먼저
[ask_YN]과 [request]에 대한 적절한 대응 화행을 결정하기 위해 이
용된다. 다른 한편으로 사용자가 요구하는 정보를 찾아내기 위해 이
용된다. 이 절에서는 각 목적을 위한 모듈을 어떻게 구성하였는지 소
개할 것이다.

1) 대응 화행 결정 과정

[ask_YN]이나 [request]에 대한 대응 화행은 지식베이스를 탐색하
지 않고는 결정할 수 없다. 대응 화행을 결정할 때 NPC(발화 수용
자)[20]의 '판단'이 요구되기 때문이다. 즉, 판정 질문에 대하여 긍정적
인 대답을 할 것인지 부정적인 대답을 할 것인지, 혹은 어떠한 요청
에 대하여 그것을 수용할 것인지 거절할 것인지는 NPC가 가진 지식
을 토대로 한 판단을 통해 결정될 수 있다. NPC의 판단이 어떤 식

---

20. 본 시스템에서는 NPC가 화제를 주도하여 대화하므로 NPC가 사용자의 [ask_YN]이
나 [request]에 대해 적절한 응답을 결정해야 한다.

으로 이루어지는지를 요청 화행에 대한 처리를 중심으로 살펴보도록 하겠다.

본 대화 시스템에서는 [request]이 입력될 경우, 대화하고 있는 NPC의 지식베이스 속에 사용자 입력문에 포함된 화제어 자질과 동일한 자질이 있는지를 탐색한다. 예를 들어 사용자가 NPC에게 '아르바이트(자질명 arbeit)'를 요청한 경우, 대화하고 있는 NPC의 지식베이스에 'arbeit'에 대한 정보가 기록되어 있지 않다면, 다시 말해 해당 NPC가 아르바이트를 관할하지 않는 NPC라면 사용자의 요청에 대해 거절을 할 수밖에 없기 때문이다. 그러므로 사용자 입력문의 화제어가 대화 상대 NPC의 프레임 지식베이스와 의미망 지식베이스[21]에 표상되어 있는 job,[22] time,[23] location[24] 등의 정보와 일치하는 경우에 긍정 반응[response_positive] 또는 수용[accept]으로 대응 화행을 결정하게 된다.

이때 사용자는 단순히 긍정-부정의 답변을 기대한다기보다는 더 구체적인 정보를 기대할 수 있다. 예를 들어 '아르바이트를 하고 싶은데요'라는 사용자의 요청에 대해서는 '좋습니다'와 같은 단순 답변을 넘어서서 '양털깎기 아르바이트는 어때요?'라는 구체적인 정보가 응답문에서 함께 제시될 필요가 있다. 이처럼 자연스러운 대화 연쇄를 위

---

21. 프레임 지식베이스와 의미망 지식베이스는 각각의 NPC별로 구축되어 있다. 그러나 NPC들은 관계에 따라 서로의 정보를 참조할 수 있다. 한편 게임 세계 어휘 지식베이스와 사실 지식베이스는 공통으로 이용할 수 있는 정보베이스로 구축되어 있다.
22. 예를 들어 NPC가 '대장장이'라면 이와 관련된 화제어 자질은 이미 시소러스와 지식베이스에 설정되어 있다.
23. '마비노기'와 같은 MMORPG에서는 게임 세계 내에서 시간이 흐르고 있음을 전제로 한다. 따라서 대장장이는 일을 하는 시간이 제한적일 수 있다. 또한 특정 이벤트가 일어나는 시간도 정해져 있다.
24. 게임 세계에 각각의 직업을 가진 NPC는 특정의 장소에 있어서 사용자가 그 장소에 가야만 하며, NPC가 관여하는 장소에 대해 묻거나 요청을 했을 경우에만 사용자가 원하는 요청이나 질문에 답할 수 있다.

하여 지식베이스 탐색 모듈에서는 단순 답변에 이어 [ask_property] 화행의 응답문을 산출할 수 있도록 응답문 산출 모듈에 정보를 제공하고 있다.

만약 사용자 입력문의 화제어 정보가 대화 상대 NPC의 지식베이스에 존재하는 job 정보와 일치하지만 time, location 정보가 일치하지 않는 경우에는 부정 반응[response_negative] 또는 거절[rejection]로 대응 화행을 결정한다. 예를 들어 사용자가 아르바이트를 관할하고 있는 NPC에게 아르바이트를 요청했지만 아르바이트 요청 시간이 NPC의 아르바이트 제공 시간과 일치하지 않는다면 사용자의 요청에 대해 거절을 해야 하는 것이다. 이에 따라 사용자는 NPC로부터 '안 되겠군'과 같은 답변을 얻게 된다.

만약 대화 상대 NPC의 지식베이스를 탐색하였을 때 화제어와 관련된 정보의 칸이 비어 있는 경우, 즉 사용자가 해당 NPC의 job과 관련 없는 요청이나 질문을 했을 경우에는 되묻기[response_reask], 부지 답변[response_noknowing] 또는 부답[response_none]으로 대응 화행을 결정한 후 응답 산출 모듈로 내보내는 과정을 거친다. 이에 따라 사용자는 NPC로부터 '그것에 대해서는 잘 모르는데'와 같은 답변을 얻게 된다.

대응 화행 결정 조건을 정리하면 다음과 같다.

가) 대화 상대 NPC의 지식베이스 정보와 입력문의 화제어 자질이 일치할 경우
　① time, location까지 일치하는 경우;
　　긍정 반응[response_positive] 또는 수용[accept]으로 대응 화행을 결정

② time이나 location이 일치하지 않는 경우;

부정 반응[response_negative] 또는 거절[rejection]로 대응 화행을 결정

나) 대화 상대 NPC의 지식베이스 정보와 입력문의 화제어 자질이 일치하지 않는 경우;

되묻기[response_reask], 부지 답변[response_noknowing] 또는 부답[response_none]으로 대응 화행을 결정

2) 정보 탐색 과정

화행 결정 모듈을 통과한 화행 중 NPC에게 특정한 정보를 요구하는 화행인 [request_inform], [ask_wh]에 대해서는 화제어와 관련된 정보를 지식베이스로부터 찾아 주어야 한다.

지식베이스의 정보를 탐색할 때에는 주로 사용자 입력문의 화행 정보와 입력문의 화제어 자질을 이용한다. 예를 들어 사용자 입력문의 화행 정보가 [ask_where]인 경우에는 지식베이스로부터 'location' 정보를 탐색해야 한다. 그리고 입력문의 화제어 자질이 'arbeit'인 경우에는 지식베이스로부터 'arbeit' 정보를 탐색해야 한다.

만약 입력문의 화제어 자질이 대화 상대 NPC의 지식베이스 안에서 탐색된다면, 그에 해당하는 instance를 저장하여 응답 산출 모듈로 내보낸다. 만약 일치하는 값이 없다면 되묻기[response_reask], 부지 답변[response_noknowing] 또는 부답[response_none]으로 대응 화행을 결정한 후 응답문 산출 모듈로 내보낸다.

이때 사용자 입력문의 화행이 무엇인지에 따라 어떤 지식베이스를 먼저 탐색할 것인지가 달라질 수 있다. 사용자 입력문의 화행이 무엇

인지에 따라 그 화행과 관련된 정보를 더 빨리 찾을 수 있는 지식베이스가 어느 정도 결정되어 있다고 할 수 있기 때문이다. 이는 방대한 규모의 지식베이스를 효율적으로 탐색하기 위한 것이다.

가) 프레임 지식베이스를 탐색하는 경우;

① [ask_who] - 대화 상대 NPC 또는 화제어의 'job'을 찾아 그 instance값을 산출한다.

사용자 입력문의 화행이 [ask_who]인 경우에, 다음과 같은 대화가 가능하다. 아래의 대화에서처럼 임의의 대상이 '누구인지'를 묻는 질문에 대해서는 일반적으로 직업에 대한 정보를 산출해 주는 것이 자연스럽다.

예1)
> 입력문: 베빈이 누구야?
> 응답문: 베빈은 은행원입니다.

베빈의 'job'의 instance는 '은행원'이므로 '은행원'을 응답으로 산출한다.

② [ask_property] - 화제어의 성격, 즉 'character'를 탐색하여 그 instance값을 산출한다.

사용자 입력문의 화행이 [ask_property]인 경우에 다음과 같은 대화가 가능하다.

예2)

> 입력문: 베빈은 어떤 사람이야?
> 응답문: 베빈은 착해.

베빈의 'character'의 instance는 '착하-'이므로 '착하-'를 응답으로 산출한다. '착하-'에 종결어미를 어떻게 결합할 것인가는 응답문 산출 모듈에서 결정된다.

③ [ask_which] - 대화 상대자의 프레임 지식베이스, 의미망 지식베이스에서 해당 화제어 자질의 instance 값을 산출한다.

사용자 입력문의 화행이 [ask_which]인 경우에 아래와 같은 문장이 입력되면, 베빈의 프레임 지식베이스와 의미망 지식베이스에서 'like' 자질이 있는 슬롯을 탐색하여 응답문을 산출한다.

예3)

> 입력문: 너(베빈)는 노라가 좋아? 알리사가 좋아?
> 응답문: 베빈은 노라를 좋아해.

동사 '좋다'는 어휘부에서 'like'라는 화제어 자질을 가지고 있으므로 지식베이스에서 'like' 항목을 탐색한다. 베빈의 'like' 슬롯에는 '노라'라는 정보가 기록되어 있다.

④ [ask_yn] - 프레임 지식베이스에서 화제어를 탐색하여 그 instance값이 채워져 있으면 해당 instance값을 응답

산출 모듈로 내보낸다. 화제어의 instance값이 없는 경우에는 부정 반응[response_negative]을 응답문 산출 모듈로 내보낸다.

사용자 입력문의 화행이 [ask_yn]인 경우에, '베빈'이라는 NPC의 프레임 지식베이스에 '베빈-like-노라'와 같이 'like' 슬롯이 채워져 있으면, 다음과 같은 응답문을 산출하게 된다.

예4) 입력문: 베빈은 노라를 좋아하나요?
응답문: 베빈은 노라를 좋아합니다.

동사 '좋아하다'는 '좋다'와 마찬가지로 화제어 자질 'like'를 갖고 있다. 여기에서처럼 베빈의 'like'에 대한 판정 질문이 입력되고 베빈의 'like'에 임의의 정보가 기록되어 있을 때, 이 질문에 적절히 대답하는 방식은 두 가지가 있다. 하나는 '네' 또는 '아니오'라는 대답을 산출하는 것이고, 두 번째는 베빈이 좋아하는 것이 무엇인지를 단순히 대답해 주는 것이다. 그런데 '네' 또는 '아니오'라는 대답을 하려면 베빈의 'like'에서 '노라'라는 내용을 찾고 사용자의 입력문에서도 '노라'라는 내용을 찾아 둘이 일치하는지 비교하는 절차를 한 번 더 거쳐야 한다. 반면에 베빈이 좋아하는 것을 단순히 대답해 주는 방식을 취한다면 이런 절차를 거치지 않아도 되므로 경제적이다. 이에 따라 이 연구에서는 후자의 응답 산출 방식을 채택하였다. 만약 '베빈은 라사를 좋아하나요?'라는 판정 질문 발화가 입력되어도 '베빈은 노라를 좋아합니다'라는 동일한 응답문을 산출하게 된다.

나) 게임세계 개념 어휘 사전, 시소러스, 의미망 지식베이스를 탐색
하는 경우;

① [ask_what] - class인 화제어의 instance값을 산출하거나 set인
화제어의 subset값을 산출한다. 또는 subset인 화
제어의 내용을 산출한다.

사용자 입력문의 화행이 [ask_what]인 경우에 다음과 같은 문장
이 입력되면, 게임 세계 어휘 지식베이스와 시소러스에서 '감자채집'
을 탐색하여 해당 화제어 자질에 대한 정보를 응답문으로 산출한다.

예5)
입력문: 감자채집 아르바이트는 무엇인가요?
응답문: 감자채집 아르바이트는 정해진 시간 동안 정해진 양의
감자를 캐는 아르바이트입니다.

화제어 '감자채집'은 게임 세계 어휘 지식베이스에서 '정해진 시간
동안 정해진 양의 감자를 캐는 아르바이트'라는 정보를 가지고 있다.
이 정보를 추출하여 응답문으로 산출하는 것이다.

하지만 이때 동일 화행이더라도 화제어의 속성 정보가 class인지
set인지에 따라 탐색할 지식베이스가 달라진다. 위에서 살핀 '감자채
집'은 class 속성을 갖지만 '아르바이트'는 set 속성을 갖기 때문에 의
미망 지식베이스를 탐색하여 아래와 같은 대응문을 산출하게 된다.

예6) 입력문: 아르바이트에는 무엇이 있나요?
응답문: 아르바이트(해당 NPC 또는 게임 전체)에는 감자채집,
양털깎기가 있습니다.

다) 의미망 지식베이스를 탐색하는 경우;

① [ask_where] - 화제어에 연결된 'space'의 instance값을 산출
한다.
② [ask_how] - 화제어에 연결된 'how'의 instance 값을 산출한다.
③ [ask_amount] - 화제어에 연결된 value 값을 산출한다.

라) 사실 지식베이스를 탐색하는 경우;

① [ask_why] - 사실 지식베이스에 사용자의 입력문과 유사한 문
장 분석 벡터 정보가 있는지를 탐색하고, 문장 분
석 벡터의 H5, M5('왜'에 대한 내용이 기록되는 자
리)에 임의의 정보가 채워져 있는지를 확인한 후,
이 조건을 만족하는 경우에 해당 문장 전체를 응답
문으로 산출한다.

[ask_why] 화행은 특정 스토리와 연결되어 있다. 따라서 스토리를
담고 있는 사실 지식베이스에서 정보를 탐색해야 한다. 만일 [ask_
why]에 대한 탐색 과정을 따로 설정하지 않을 경우 다음과 같은 어
색한 응답문을 산출할 수밖에 없다.

예7)
입력문: 노라는 베빈을 왜 좋아하나요?
응답문: 베빈은 노라를 좋아합니다. (어색함)
　　　　베빈은 노라가 예뻐서 좋아합니다. (자연스러움)

위에서 나열한 경우에 해당되지 않으면, 지식베이스 탐색은 기본적으로 다음의 순서로 진행된다.

프레임 지식베이스 ➡ 의미망 지식베이스 ➡ 사실 지식베이스 ➡ 탐색 종료

[그림 5] 지식베이스 탐색 순서

정보량으로 볼 때 프레임 지식베이스가 정보량이 가장 적고, 사실 지식베이스가 그 다음, 의미망 지식베이스에 정보의 양이 가장 많다. 정보량이 적으면서 중요한 정보를 많이 담고 있는 지식베이스를 먼저 탐색하는 것이 탐색의 효율성을 위해 유리할 수 있기 때문에 프레임 지식베이스를 가장 먼저 탐색한다. 사실 지식베이스의 경우에는 의미망 지식베이스보다 정보량이 적지만 사용자가 요구하는 정보가 담겨 있을 가능성이 세 유형의 지식베이스 중 가장 낮다. 그러므로 사실 지식베이스를 가장 마지막에 탐색한다. 이러한 원칙에 따라 [그림 5]와 같이 지식베이스 탐색 순서가 결정된 것이다.

4.5. 구축 방법론의 검증

4.5.1. 게임 대화 시나리오 구축

이 연구에서는 마비노기의 티르코네일 마을의 NPC를 중심으로 NPC와 사용자 간에 일어날 수 있는 대화 시나리오를 제작하여 인공지능 대화시스템을 구축하는 과정에 활용하였다. 시나리오는 실제 게임 상황에서 사용자가 NPC에게 자주 질문할 수 있는 것을 중심으로 구성된 것이다.

1) 문장 작성의 기본 원칙
가) 한 발화의 발화문은 한 문장으로 설정한다.
나) 선호 화행 조직을 고려한다.
다) 다양한 문형을 사용한다.
라) 문장의 기능(main, sub, func)이 다양하게 나타나도록 한다.

2) 질문 작성 원칙
가) 실제 게임 수행에 있어서 필수적인 질문을 포함한다.
　　예: 퀘스트 질문, 아르바이트 질문, 퀘스트 보상 여부
나) 게임 세계 관련 정보에 대한 질문을 포함한다.
　　예: 은행 사용법, 포션 사용법, 아이템 사용법
다) 발화 가능성이 높은 대화 내용을 포함한다.
　　예: 던전 위치 정보, 아이템 정보, NPC 위치 정보
라) 실제 모델 게임(마비노기, 세피로스) 대화에서 사용된 어휘와 질문 내

용을 반영한다.

마) 다양한 대화 유형을 반영한다.

바) 가능한 한 실제 게임 세계에서 이루어지는 대화와 유사한 문체를 재
현한다.

3) 대답 작성 원칙

가) 지식베이스를 바탕으로 하여 NPC가 대답할 수 있는 응답문을 작성
한다.

나) 실제 게임에서 설정된 NPC의 성격과 인간관계를 고려한다.

다) 개별 NPC의 말투를 고려한다.

라) 질문을 하는 사용자의 레벨 및 NPC와의 친밀도를 고려한다.

4.5.2. 게임 대화 시스템의 평가

1) 100문장 시험을 통한 평가

앞서 기술한 각 모듈들이 적절하게 구성되었는지를 검증하기 위해
서는 임의의 문장들을 선정하여 전체 시스템을 테스트함으로써 적절
한 응답문이 산출되는지를 검토할 필요가 있다. 이 연구에서 구축한
대화 시스템은 게임 세계를 전제로 한 것이므로, 특히 게임 세계 내에
서 자주 발화되는 문장들을 대상으로 대화 시스템의 성능을 테스트
하는 작업이 필요하다. 따라서 4.5.1절에서 소개한 게임 대화 시나리
오 300문장 중 임의의 100문장을 선택하여 대화 시스템을 통해 적절
한 대응문이 산출되는지를 검토하였다.

평가 항목은 의도 분석의 정확성, 대응 화행의 타당성, 응답의 정

확성, 대응문의 적절성, 대응 표현의 자연성이다. 100개의 시험 문장에 대한 정답을 정해 놓고, 각 모듈을 거쳐 산출되는 결과값과 정답을 비교하는 방식을 사용하여 각 항목의 점수를 매겼다. 의도 분석의 정확성, 대응 화행의 타당성, 응답의 정확성, 대응문의 적절성에 각 1점씩을 배점하고, 대응 표현의 자연성에 6점을 배점하였다. 그리하여 한 문장 당 만점은 10점이 되도록 하였다. 이러한 채점 방식에 따라 100개 문장에 대한 평가를 마쳐 평균 6~7점이면 C등급, 7~9점이면 B등급, 9~10점이면 A등급으로 판정한다. 평가 시트와 평가 시트 작성의 예는 [표 23], [표 24]과 같다.

대화문	의도 분석의 정확성	대응 화행의 타당성	응답의 정확성	응답문의 적절성	대응 표현의 자연성	총점
대화문 1	1	1	1	1	6	10
대화문 2						
…						
합계						1000
평균						100
등급						A

[표 23] 대화 모형 평가 시트

연번	대화문	의도 분석의 정확성	대응 화행의 타당성	응답의 정확성	응답문의 적절성	대응 표현의 자연성	총점
1	저기요, 마법 스킬을 배우고 싶은데 어디로 가면 돼요?	ask_where	declaration_where	라사	마법 스킬이라면 라사를 찾아가세요.	6	10
		1	1	1	1		

[표 24] 대화 모형 평가 시트 작성 예

"저기요, 마법스킬을 배우고 싶은데 어디로 가면 돼요?"라는 질문에 대해, 이 질문이 [ask_where]라는 의도를 가지고 있다는 것을 화행 결정 모듈을 통해 잘 파악하였으므로 '의도 분석의 정확성'에 1점을 부여할 수 있다. 또 [declaration_where] 화행을 가진 응답문을 생성해야 한다는 것을 지식베이스 탐색 모듈을 통해 잘 포착하였으므로 '대응 화행의 타당성'에 1점을 부여할 수 있다. 그리고 '마법스킬'이 NPC '라사'의 담당이라는 정보를 지식베이스 탐색 모듈을 통해 잘 추출해 내었으므로 '응답의 정확성'에 1점을 부여할 수 있다. 이 정보들을 토대로 응답문 산출 모듈을 거쳐 생성된 '마법 스킬이라면 라사를 찾아가세요.'라는 응답문이 질문에 대한 정확한 응답을 포함하고 있으므로 '응답문의 적절성'에 1점을 부여할 수 있다. 그리고 이 응답문이 표현 면에서 매우 자연스럽다고 판정할 수 있으므로 '대응 표현의 자연성'에 6점을 부여할 수 있다.

자연성 정도	점수
매우 자연스러움	6점
자연스러움	5점
보통	4점
조금 어색함	3점
어색함	2점
매우 어색함	1점

[표 25] 대응 표현의 자연성 점수 기준

이와 같은 방식을 통해 100개의 문장에 대한 응답문이 적절히 산출되는지를 평가하였다.

4.5.3. 게임 대화 시스템 점검 예시

여기에서는 게임 대화 상황에서 자주 발화되는 대표적인 화행인 요청[request] 화행을 대상으로, 이 연구에서 제안한 게임 대화 시스템이 해당 화행의 문장을 어떻게 인식하며 그에 대한 응답문을 어떻게 생성하게 되는지를 자세히 살피고자 한다.

점검 예시를 보이기 전에, 앞서 구체적인 모습을 보이지 않았던 화제어 결정 모듈과 응답문 산출 모듈의 내용을 간략히 살펴보자.

1) 화제어 결정 모듈

화제어 결정 모듈은 입력된 문장에서 화제어의 역할을 하는 요소가 무엇인지를 결정하는 모듈이다. 대화 시스템에서 화제어를 찾아내는 일이 중요한 이유는, 화제어가 무엇인지를 알아야 시스템이 그 화제와 관련된 각종 질문이나 요청 등에 대하여 적절한 응답문을 산출할 수 있기 때문이다. 대화 시스템은 지식베이스에 각종 지식을 저장하고 있는데, 그 지식은 키워드를 중심으로 하여 그 하위에 관련된 정보들이 기록되는 방식으로 조직되어 있다. 그러므로 시스템이 지식베이스에 기록된 여러 정보 중 사용자가 요구하는 정보를 정확히 추출해 내기 위해서는 사용자의 발화문에서 화제어를 찾아내고, 그 화제어를 통해 지식베이스에 저장된 내용들을 탐색할 수 있어야 한다.

이 연구에서는 한 문장에 화제어 후보가 여러 개 있는 경우에 화제어로서의 우선순위가 가장 높은 후보가 무엇인지를 선택하기 위해 중심화 이론[25]을 적용하였다. 언어 정보 처리를 위해 중심화 이론을 도입하고 있는 학자들 사이에서도 중심어의 우선순위에 대한 견해가 조금씩 다르지만, "주어 〉 목적어 〉 기타 성분"이라는 위계가 모든 견해에서 공통적으로 나타나고 있었다. 따라서 이 연구에서는 "주어 〉 목적어 〉 기타 성분"의 위계를 적용하여 한 문장 안에 화제어 후보가 여러 개 있는 경우에 화제어로서의 우선순위가 가장 높은 것을 포착하는 방식을 이용하였다.

세부적으로는 화제어를 결정하기 위해 다음과 같은 원칙들을 적용하였다.

[화행 결정 원칙]

원칙 1. 입력문이 복합문인 경우, 상위문에 존재하는 화제어 후보에 우선순위를 둔다.

원칙 2. main 화제어 자질을 가진 화제어 후보에는 상하위문에 상관없이 우선순위를 둔다.

원칙 3. 상위문에 화제어 후보가 존재하지 않으면 하위문에 존재하는 화제어 후보에 우선순위를 둔다.

원칙 4. 화제어 후보 중 1인칭 '나'에는 화제어의 우선순위를 두지 않는다.

---

25. 중심화 이론은 Grosz, Joshi and Weinstein(1983)에서 제안된 것으로서, 담화에 참여하는 화자들의 '관심의 초점' 및 담화의 진행에 따른 '초점의 변화'를 모델링하는 과정의 한 부분으로 제안된 것이다. 정보적으로는 동일한 내용이라고 하더라도, 내용의 전달 과정에서 명확한 하나의 초점 혹은 중심(담화 단위 내에서 한 발화와 이전 발화를 이어주는 구실을 하는 개체)이 있는지 없는지, 초점이 전이될 때 자연스러운 초점 전이가 이루어지는지 급격한 초점 전이가 이루어지는지에 따라 그 담화의 통일성(coherence)은 달라질 수 있다. 중심화 이론은 이러한 차이를 설명하기 위한 틀로서 제시된 이론이다. 이 이론에서 말하는 '관심의 초점'이 곧 해당 문장의 화제어와 연결되는 경우가 많기 때문에, 화제어 결정 모듈을 구성하는 데에 중심화 이론을 도입하였다.

원칙 5. 화제어 후보 중 대화 상대자인 NPC명에는 화제어의 우선순위를 두
지 않는다.

원칙 6. 하나의 절 안에 둘 이상의 화제어 후보가 있는 경우에, main 화제
어를 우선적인 화제어로 고려한다.

원칙 7. 하나의 절 안에 둘 이상의 화제어 후보가 있는데 모두 main 화제
어이거나 모두 main 화제어가 아니면, "주어〉목적어〉기타"의 순서로
우선적인 화제어를 선택한다.

위와 같은 원칙은 일상 대화 말뭉치에 나타난 발화문들에서 화제
어로 포착할 수 있는 어휘들을 찾고, 그 어휘들이 어떤 특성을 갖고
있는지를 귀납적으로 검토하고 일반화함으로써 세워진 것이다. 여기
에서 제시한 원칙이 임의의 문장 속에 포함된 화제어를 잘 추출할 수
있는지를 게임 대화 시나리오 샘플을 통해 검토한 결과, 문제가 없음
을 확인할 수 있었다.

2) 응답문 산출 모듈

응답문 산출 모듈은 사용자가 입력한 발화문에 대한 대응 화행이
결정되고 사용자가 요구한 정보에 대한 지식베이스 탐색이 끝난 이후
에 사용자에게 산출할 응답문을 생성하는 모듈이다. 즉 사용자에게
산출할 대응 화행이 무엇인지에 따라 응답문의 틀을 만들고, 그 틀에
지식베이스로부터 가져 온 정보들을 조합함으로써 자연스러운 응답
문을 완성하는 단계이다.

응답문 산출 모듈에서 이용하는 정보는 다음과 같다.

가) 대응 화행의 종류: 응답문으로 생성할 문장이 갖는 화행이 무

엇인지에 대한 정보이다. 대응 화행의 유형에 따라 산출될 응답문의 문장 형식을 한정할 수 있다.

나) 사용자의 입력문에서의 화제어: 대응 화행의 종류에 따라 선택된 응답문의 문장 형식에는 내용이 채워지지 않은 칸이 존재하며, 그 내용은 화제어 정보를 이용하여 채울 수 있다. 예를 들어 "우물이 어디 있지?"라는 발화문에서의 화제어는 '우물'이고, 이 발화문에 대한 응답문의 화행은 declaration_where가 적절하다. declaration_where 화행을 표현하는 문장 형식으로는 "[빈칸1]이라면 [빈칸2]에 있어."가 있으며, 여기에서 [빈칸1]에 '우물'이라는 화제어를 삽입하면 "우물이라면 [빈칸2]에 있어."라는 문장이 산출된다.

다) 시스템이 지식베이스를 탐색한 결과로 추출한 지식: "우물이라면 [빈칸2]에 있어."라는 문장에는 여전히 채워지지 않은 자리([빈칸2])가 존재한다. 이 자리는 지식베이스를 탐색하여 얻어낸 정보로 채워져야 한다. 지식베이스를 통해 우물이 있는 위치로 '마을 앞'이라는 정보를 추출해 냈다고 한다면, 그 정보를 응답문의 빈자리에 채움으로써 "우물이라면 마을 앞에 있어."라는 완성된 응답문을 산출할 수 있게 된다.

라) 사용자의 'name' 정보: 시스템이 사용자를 호출하는 경우에 "저기요."와 같은 발화문으로 호출할 수도 있지만, 사용자의 닉네임을 직접 불러 호출하는 것이 친근감을 상승시킬 수 있다.

마) NPC 정보: NPC 캐릭터의 개성을 살리기 위해서는 NPC마다 말투를 바꾸어 응답문을 산출하는 일도 필요하다. 이 연구에서는 우선 존댓말을 쓰는 NPC와 반말을 쓰는 NPC의 두 그룹만을 나누어 응답문을 달리 산출하도록 하였다.

응답문 산출 모듈의 구성은 다음과 같다.

| 템플릿 탐색 로직 | → | 템플릿 목록 | → | 템플릿 선택 로직 | → | 응답 결정 로직 | → | 응답 산출 로직 |

[그림 6] 응답문 산출 모듈의 구성

템플릿 탐색 로직은 대화의 유형(main/sub/func), 대응 화행의 유형, NPC의 성격을 고려하여 응답으로 산출할 문장의 템플릿을 탐색하는 로직이다. 만약 이 정보들을 고려한 결과 템플릿 25번이 선택되면, 시스템은 템플릿 목록 25번을 찾아가게 된다.

> (4) #template25
> "[tw(2)[26]]는 어때요?"
> "[tw(2)]라면 어떨까요?"
> "[tw(2)]는 어떻겠어요?"
> "[tw(2)]라면 괜찮겠어요?"

템플릿 목록 25번에는 (4)와 같이 네 개의 서로 다른 템플릿이 저장되어 있다. 시스템은 이 중 하나의 템플릿만을 무작위로 선택하게 되는데, 이 템플릿 무작위 선택의 논리가 템플릿 선택 로직에 기록되어 있다.

템플릿 선택 로직을 거쳐 어느 하나의 템플릿이 선택되면, 응답문을 확정하는 단계를 거쳐야 한다. (4)에 제시된 템플릿에는 "[ ]"로 표시된 빈칸이 있기 때문에 그 자체로는 완성된 응답문이 아니다. 사용

---

26. tw(2)는 지식베이스를 탐색한 결과로 가져 온 값을 말한다.

자가 입력한 발화문으로부터 분석한 정보와 지식베이스 탐색을 통해 추출한 정보를 이용하여 "[ ]"로 표시된 빈칸을 채우는 논리가 응답 결정 로직에 기록되어 있다.

응답 결정 로직을 거치면 응답문이 완성된다. 이것을 사용자가 볼 수 있도록 산출하는 논리가 응답 산출 로직에 기록되어 있다. 이를 토대로, 인공지능 대화시스템이 사용자의 입력문을 분석하고 적절한 응답문을 산출하는 과정을 자세히 살펴보기로 하자. "어.. 저기요. 아르바이트 좀 하러 왔습니다."라는 문장은 다음과 같은 과정을 거쳐 "좋아. 양털깎기는 어때?"라는 응답문과 대응된다.

〈누적값의 ①: 대화자, ②: LF, ③: 화제어, ④: 대응 화행, ⑤: 지식베이스〉〉

모듈명	입력값	절차	누적값	
1) 사용자와 NPC 인식	사용자 입장	사용자가 누구인지 인식한다.	①	사용자 = jean, NPC = D_B
			②	
산출값	사용자 = jean, NPC = D_B → NPC는 '데이안'이다. 'B'는 해당 NPC가 반말을 구사하는 NPC라는 표시이다.		③	
			④	
2) 단문 분할	어.. 저기요. 아르바이트 좀 하러 왔습 니다.	,와 . 사이를 모두 분할한다.	①	사용자 = jean, NPC = D_B
			②	
산출값	어.. 저기요. 아르바이트 좀 하러 왔습니다.		③	
			④	

모듈명	입력값	절차	누적값	
3) 불용어 처리	2)의 산출값	어.. 저기요. 좀 → 불용어 처리 로직을 거쳐 삭제한다.	①	사용자 = jean, NPC = D_B
			②	
산출값	아르바이트 하러 왔습니다.		③	
			④	
4) 형태소 분석	3)의 산출값	불용어 처리 로직에서 삭제되지 않은 정보를 대상으로, 형태소 분석기를 거쳐 분석 결과를 산출한다.	①	사용자 = jean, NPC = D_B
			②	
산출값	Source:(0)아르바이트 Stem:아르바이트(Lex, N, arbeit_main_tw) → 어휘부에 '아르바이트'가 main 화제어라는 정보가 이미 포함되어 있다. Ending:( ) Source:(11)하러 Stem:하(Lex, V, Act, 〈514〉) Ending:러(Aff, V, Prs, Fin, request) → 어미 '-러' 자체에 request 자질이 포함되어 있다. Source:(16)왔습니다 Stem:오(Lex, V, Mov, Fnc, 〈507〉) Ending:아었습니다(Aff, V, Pst, Con,) 복합엔딩분석=〉 었(Aff, V, Pst,) + 습니다(Aff, V,)	③	
			④	
5) 구문 분석	4)의 산출값	구문 분석기를 거쳐 분석 결과를 산출한다.	①	사용자 = jean, NPC = D_B
			②	

모듈명	입력값	절차	누적값	
산출값	절성격: Stem : 아르바이트[0](Lex N arbeit_main_tw) End : ( ) Sentence Info : obj Finished Stem : 하[11](Lex Act 〈514〉) End : 러(Aff V Prs Fin) Sentence Info : pred Ps Finished DES, request Stem : 오[16](Lex V Act 〈507〉) End : 아었습니다(Aff V Pst Con) Sentence Info : pred Pe S SFinished 명제정보 obj: 아르바이트(Lex N arbeit_main_tw) -------------------- pred: 오(Lex V Act 〈507〉) -------------------- 양태정보 : past, declaration, request → 어미 '-러'에 포함되어 있던 request 자질이 양태 자질로 이동한다.	③	
			④	
6) 문장 분석 벡터화	5)의 산출값			
산출값	각주 10의 문장 분석 벡터 양식 참조[27]			
7) LF 값 산출	6)의 산출값	문장 분석 벡터에 기록된 값을 좌측부터 우측의 순서로 기록한다.	①	사용자 = jean, NPC = D_B
			②	좌측 산출값과 동일

---

27. 해당 문장의 문장 분석 벡터 양식으로의 변환 결과는 다음과 같다.

핵심어				101	아르바이트_Lex, N, arbeit_main_tw			오_Lex, V, Act, 〈507〉	
수식어									past declaration request

모듈명	입력값	절차	누적값	
산출값	speech act(H6⟨⟨101⟩⟩, H8⟨아르바이트_Lex, N, arbeit_main_tw⟩, H11⟨오_Lex, V, Act, ⟨507⟩⟩, H12⟨past, declaration, request⟩)		③	
			④	
8) 화제어 결정	7)의 산출값	아래의 화제어 결정 로직에 따라 '아르바이트'가 발화문의 화제어로 결정된다. tw 자질이 있는가? 1y: main clause에서 tw 자질을 가진 첫 단어를 tw 칸에 기록하고, 뒤에 _를 붙인다. 그 뒤에 tw 자질값 중 가장 우측 _의 왼쪽에 기록된 정보를 기록한다. tw 자질을 가진 단어가 더 있을 경우, 이 작업을 순서대로 진행한다. sub clause에 tw 자질을 가진 단어가 있을 경우, tw 자질을 가진 첫 단어를 tw 칸에 기록하고, 뒤에 _를 붙인다. 그 뒤에 tw 자질값 중 가장 우측 _의 왼쪽에 기록된 정보를 기록한다. tw 자질을 가진 단어가 더 있을 경우, 이 작업을 순서대로 진행한다.	①	사용자 = jean, NPC = D_B
			②	speech act(H6⟨⟨101⟩⟩, H8⟨아르바이트_Lex, N, arbeit_main_tw⟩, H11⟨오_Lex, V, Act, ⟨507⟩⟩, H12⟨past, declaration, request⟩)
산출값	tw = 아르바이트_arbeit_main		③	아르바이트_ arbeit_main
			④	

모듈명	입력값	절차	누적값	
9) 화행 결정	7)의 산출값	아래의 화행 결정 로직에 따라 발화문의 화행이 *request*로 결정된다. 2n: H6이 〈101〉인가? 3y: H9가 〈102〉인가? 4n: H12에 〈request〉가 있는가? 5y: [request]로 분석	①	사용자 = jean, NPC = D_B
			②	request (H6〈〈101〉〉, H8〈아르바이트_ Lex, N, arbeit_ main_tw〉, H11 〈오_Lex, V, Act, 〈507〉〉, H12 〈past, declaration, request〉)
산출값	speech act = request (LF값의 'speech act'를 'request'로 대치한다)		③	아르바이트_ arbeit_main
			④	
10) 중심문 선택	9)의 산출값	산출값이 하나인 경우이므로 중심문 선택 절차를 거치지 않는다. 산출값이 둘 이상인 경우에는 화행의 중요성 위계에 따라 중심문이 선택된다.	①	사용자 = jean, NPC = D_B
			②	request (H6〈〈101〉〉, H8〈아르바이트_ Lex, N, arbeit_ main_tw〉, H11〈오_Lex, V, Act, 〈507〉〉, H12〈past, declaration, request〉)
산출값			③	아르바이트_ arbeit_main
			④	

모듈명	입력값	절차	누적값	
11) 대응 화행 결정	pass	*'request'* 화행은 지식베이스 탐색 로직에서 지식베이스를 탐색한 후 대응 화행을 결정한다.	①	사용자 = jean, NPC = D_B
			②	request (H6⟨⟨101⟩⟩, H8⟨아르바이트_Lex, N, arbeit_main_tw⟩, H11⟨오_Lex, V, Act, ⟨507⟩⟩, H12⟨past, declaration, request⟩)
산출값			③	아르바이트_arbeit_main
			④	

모듈명	입력값	절차	누적값	

12) 지식
베이스 탐
색
	10)의 ①, ②,
	③
		지식베이스에 저장된 정보를 탐색하여 NPC '데이안'이 제공할 수 있는 '아르바이트' 정보를 추출해야 한다. $D \rightarrow arbeit \rightarrow type$ 순서로 지식베이스를 탐색하여 '양털깎기'라는 정보를 추출한다. 다음으로 대응 화행 '*accept & ask_property*'를 산출한다.
		
		입력문의 speech act가 [request]인가?
		1y: tw자질이 있는가?
		 2y: tw자질이 main인가?
		  3y: tw자질이 대화 상대 NPC의 job, time, location과 관련이 있는가?
		   4y: tw 자질이 class인가?
		   5y: 의미망 지식베이스에 입력문 tw의 instance가 있는가?
		    6y: [response_positive] 또는 [accept] 대응 화행 결정하여 응답 산출 로직으로 내보낸 후 [ask_property] 대응 화행 결정
			①	사용자 = jean, NPC = D_B

			②	request (H6⟨⟨101⟩⟩, H8⟨아르바이트_ Lex, N, arbeit_main_tw⟩, H11⟨오_Lex, V, Act, ⟨507⟩⟩, H12⟨past, declaration, request⟩)
			③	(1) 아르바이트_arbeit_main (2) 양털깎기
산출값		response speech act = accept & ask_property tw (2) = 양털깎기 → 지식베이스 탐색 결과로 얻은 정보는 tw (2)로 기록한다.	④	accept & ask_property
			⑤	B[28)

28. 프레임 지식베이스를 탐색한 경우 A로, 의미망 지식베이스를 탐색한 경우 B로, 사실 지식베이스를 탐색한 경우 C로 기록한다. 탐색한 지식베이스의 유형을 기록해 두어야 하는 이유는 지식베이스마다 정보가 저장되어 있는 방식이 다르기 때문에, 어떤 지식베이스를 탐색했는지에 따라 응답문의 템플릿을 달리 선택할 필요가 있기 때문이다. 프레임 지식베이스와 의미망 지식베이스에는 명사문 형식으로 정보가 기록되어 있기 때문에, 응답문을 산출할 때는 "~는 [ ]입니다."와 같은 틀을 이용하면 지식베이스로부터 가져 온 명사문 형식의 정보를 [ ] 안에 그대로 입력함으로써 자연스러운

모듈명	입력값	절차	누적값	
13) 응답 산출	12)의 누적값의 ①, ③, ④, ⑤	아래의 응답 산출 로직에 따라 "좋아"와 "[tw(2)]는 어때?"라는 템플릿을 추출한다. [tw(2)] 자리를 지식베이스로부터 추출한 '양털깎기'라는 정보로 대치함으로써 "좋아. 양털깎기는 어때?"라는 응답문이 산출된다. if dialogue type = sub & speech act = accept & NPC = B then #template42 → random으로 "좋아." 선택 if dialogue type = main & if speech act = ask_property & NPC = B then #template26 → random으로 "[tw(2)]는 어때?" 선택 → "[tw(2)]"를 12)-③(2)의 정보로 대체	직전화제어	(1) 아르바이트_arbeit_main (2) 양털깎기
산출값	"좋아. 양털깎기는 어때?"		직전화행	ask_property

[표 26] [request] 발화의 처리

응답문을 만들 수 있다(예: "좋아하는 사람은 [노라]입니다."). 한편 사실 지식베이스에는 동사문 형식으로 정보가 기록되어 있기 때문에 "[ ]었답니다."와 같은 틀을 이용해야 [ ] 안에 사실 지식베이스로부터 가져 온 동사문 형식의 정보를 입력함으로써 자연스러운 응답문을 만들어낼 수 있다(예: "[세 전사는 사라지]었답니다").

4.5.4. 게임 대화 시스템 평가 결과

대화 시스템을 전반적으로 평가한 결과는 임의로 선정한 100문장을 대상으로 하였다. [표 27]은 그 중 일부를 제시한 것이다.

이 연구에서 제시한 게임 대화 시스템이 사용자의 입력문에 대해 적절한 대응문을 생성하는지를 평가한 결과 각 입력문들이 평균 9.14점(10점 만점)의 수준으로 처리되고 있음을 확인하였다. 즉 본 게임 대화 시스템은 전반적으로 A등급의 결과를 산출하고 있다고 할 수 있다.

연번	입력문	의도 분석의 정확성	대응 화행의 타당성	응답의 정확성	대응문의 적절성	대응 표현의 자연성	총점
1	저기요, 마법 스킬을 배우고 싶은데 어디로 가면 돼요?	ask_where	declaration_where	라사	마법 스킬이라면 라사를 찾아 가세요.	매우 자연스러움	10
		1	1	1	1	6	
2	그럼 마법학교는 어디에 있어요?	ask_where	declaration_where	티르코 네일 성당 아래	마법학교라면 티르코 네일 성당 아래를 찾아 가세요.	매우 자연스러움	10
		1	1	1	1	6	
3	감사합니다.	thanks	greeting_out		살펴 가세요.	매우 자연스러움	10
		1	1	1	1	6	

연번	입력문	의도 분석의 정확성	대응 화행의 타당성	응답의 정확성	대응문의 적절성	대응 표현의 자연성	총점
4	저 밀가루 만들러 왔어요.	request	declaration_ inform	풍차사용	밀가루(제조)는 풍차 사용입니다.	어색함	6
		1	1	1	1	2	
5	에? 돈 내야 돼요?	ask_yn	declaration_ inform	10G	돈은 10G입니다.	자연스러움	9
		1	1	1	1	5	

(중략)

연번	입력문	의도 분석의 정확성	대응 화행의 타당성	응답의 정확성	대응문의 적절성	대응 표현의 자연성	총점
100	노라의 삼촌은 누구인가요?	ask_who	declaration_ inform	피르아스	삼촌은 피르아스 입니다.	매우 자연스러움	10
		1	1	1	1	6	
합계							914점 (A등급)

[표 27] 시나리오 100문장 대상 대화 시스템 평가 결과 예시

이상의 검토 과정을 통해, 이 연구에서 구성한 대화 시스템의 각 모듈들이 적절히 작동하고 있음을 알 수 있다. 특히 게임의 진행에 핵심적인 역할을 하는 요청 화행의 경우에 입력문의 해석과 응답문의 산출에서 정교한 처리를 하고 있음을 알 수 있다.

그러나 게임의 진행에 핵심적인 역할을 하지는 않지만 NPC와 사용자간의 친밀도에 영향을 미치는 진술 화행에 대해서는 정교한 처리를 하지는 못하고 있는데, 이는 진술 화행의 특성상 대화 내용의 범위가 매우 넓기 때문에 지식베이스에 해당 발화와 관련된 내용이 저

장되어 있지 않은 경우가 많기 때문이다. 진술 화행을 더욱 정교하게 처리할 수 있는 대화 시스템을 구축하는 방법론에 대해서는 앞으로 도 지속적인 연구가 필요하다.

5

인공지능 대화시스템의 미래

인공지능 대화시스템 연구

5

인공지능 대화시스템의 미래

인공지능 대화시스템은 말 그대로 인공지능을 갖춘 기계가 인간 대 인간의 일상적 대화를 실현할 수 있도록 구현된 시스템을 의미한다. 세상의 모든 생물을 대화하는 존재라고 할 수 있다. 모든 생물은 일종의 정보 교환을 통해 삶을 영위하고 번식한다. 그 중에서 인간은 언어라는 독특한 정보 교환 매체를 발전시킴으로써 다른 생물들은 엄두도 내지 못하는 문명을 발전시켜 왔다. 지구상에 인간의 언어에 필적할 만한 정보 교환 도구는 없다고 해도 과언이 아니다.

언어는 단순히 정보전달 혹은 의사소통의 도구가 아니라, 인간이 사고하고 지능적 행위를 하기 위한 기반이다. 따라서 인간의 언어적 사유 자체가 지능과 동일시될 수 있는 것이다. 일반적으로 지능이라 함은 학습을 통하여 새로운 사실을 알 수 있는 능력을 의미한다. 넓은 의미에서 생물들도 지능적 활동을 하고 있다고 할 수 있다. 그러나 인간의 지능은 언어의 속성과 같이 창조적이며 추상적인 활동이 가능하다. 인간은 지구상에서 지능적 대화를 나눌 수 있는 유일한 종이다. 인간이면 누구나 말을 배울 수 있는 능력을 가지고 태어난다. 그러나 적절한 언어적 자극이나 환경이 주어지지 않는다면 그 능력은 곧 퇴화되게 된다. 즉, 인간의 언어 능력은 자라면서 충분한 학습 단계를 거쳐야 한다는 뜻이다. 이는 한 가지 사실을 학습함으로써 여러 사실을 유추할 수 있다든지 혹은 일찍이 생각하지 못한 것을 강조할 수 있는 인간의 능력을 대변한다.

이러한 인간의 지능적 활동은 언어가 있기에 가능하다. 언어로부터 지능의 발전이 이루어졌는지, 지능으로부터 언어의 발전이 가능해졌는지는 정확히 알 수 없다. 하지만 고대의 문자 발명과 그 이후로의 진화를 생각해 보면 양자는 서로를 자극하면서 발전하였을 것이라고 생각한다. 즉 언어와 지능은 불가분의 관계에 있다고 하여도 과언이 아니다. 언어는 인간의 지능적 활동을 보장하는 인프라인 동시에 그것의 정확한 표현 수단이 된다. 말하자면 직립보행으로부터 시작된 인간 진화는 언어를 내재화함으로써 그 정점에 서게 되었다고 할 수 있다.

인간의 언어는 태어날 때부터 가지고 있는 언어 학습 능력과 실제로 사용되고 있는 언어 규칙이 결합하면서 한 인간에게 온전히 부여된다. 인간이 아닌 어떤 생물도 인간과 같은 언어 능력을 가지고 태어나지 않기 때문에 인간의 언어를 학습할 수 없다. 그렇다면 기계는 어떨까? 기계가 인간의 언어를 배우려면 먼저 인간의 생득적인 언어 능력의 본질과 메커니즘을 알아야 하는데 이에 대한 우리의 정보는 턱없이 부족하다. 보편문법 이론이나 인지 언어학이 이를 탐구한다고 하지만 결국은 인간의 언어를 매개로 하는 개념 논리의 환원적 설명에 그친다. 실제의 언어 능력을 동작시키는 것은 뇌의 생물학적 구조와 그 정보 처리 과정에 달려 있기 때문에 양자를 결합하는 산출물은 아직 기대하기 어려운 실정이다.

생각하는 기계에 대한 논점은 천재적인 수학자 앨런 튜링으로부터 시작되었다. 그는 '읽고, 쓰고, 옮기고, 지우는' 네 가지 기호처리가 가능한 기계가 인간의 지능적 활동을 모의할 수 있다고 선언하였다. 그의 구상은 현대의 컴퓨터에서 그대로 구현되고 있다. 그래서 컴퓨터를 일명 '튜링기계'라고도 한다. 이러한 기호처리 방식은 언어학자의 언어 분석 방법이 충분히 수학적인 논리 구조를 가지고 있다면 컴퓨터와 인간이 상호 대화할 수 있는 대화 시스템(혹은 챗봇)을 실제로 구현할 수 있도록 한다.

사실 컴퓨터 자체는 태생적으로 인간과 대화하는 방식으로 설계되었다. 과거의 도스 인터페이스에서 "read A"와 같은 방식으로 컴퓨터에게 명령어를 수행하도록 한 것을 상기해 보면 좀 더 복잡한 언어 수행 능력을 컴퓨터에 부여하는 일은 그리 어려운 일이 아니라고 생각할 수 있다. 그렇지만 많은 연구를 통해 인간의 언어 능력과 언어 수행 능력 혹은 이를 가능케 하는 규칙들을 컴퓨터의 논리 구조로 변환하는 것은 상당히 어려운 일임이 밝혀졌다. 그만큼 인간의 언어 수행 능력과 그 기반이 되는 지능적 인프라는 컴퓨터보다 훨씬 월등하다는 사실을 의미한다.

그럼에도 불구하고 컴퓨터와 인간이 자연언어(즉, 인간의 언어)를 통해 상호 대화하는 논리 구조를 개발하는 일은 다음 몇 가지 점에서 의의를 갖는다. 첫째는 인간 언어의 순수한 논리 구조를 추적함으로써 자연언어에 대한 실체를 규명할 수 있다는 점이다. 둘째는 결국 인간의 지능적 활동은 언어를 통해 이루어진다는 믿음의 실체를 확인할 수 있다. 마지막으로 컴퓨터와 인간의 상호 대화를 통해 컴퓨터의 활용성을 극대화할 수 있다는 점이다.

과연 컴퓨터는 인간의 언어를 완벽하게 재현할 수 있을까? 그리고 이때 완벽한 재현이라 함은 무슨 뜻일까? 앞에서도 언급한 바와 같이 인간의 언어는 지능과 불가분의 관계가 있다. 인간으로 태어난 어린 아이가 하나의 언어 사회 속에서 제대로 된 의사소통을 하려면 오랜 학습을 거쳐야 하지만 이러한 언어를 학습할 수 있는 기제를 가지고 있어야 가능하다. 컴퓨터가 인간 언어를 완벽하게 재현하려면 이 기계를 컴퓨터의 논리구조로 환원할 수 있어야 한다. 그러나 불행히도 우리는 이러한 문제를 해결할 수 있는 희망적인 단서를 마련하지 못하고 있다.

다른 방법으로는 인간이 이미 학습한 언어 상태를 재현하는 문제로 풀어 볼 수 있다. 이 경우 기계는 새로운 언어 지식을 인간처럼 유연하게 학습하지 못할 수는 있어도 제한된 범위 내에서 인간과 유사하게 언어 수행이 가능하도록 할 수 있다. 튜링 기계는 이것이 가능하도록 설계된 유일한 기계 장치이다. 튜링은 자신의 논리 기계가 인간과 같은 지능적 활동을 할 수 있을 것이라고 가정하고 언젠가는 튜링 기계의 지능적 활동과 인간의 지능적 활동을 구분할 수 없는 컴퓨터의 출현이 가능하다고 보았다. 그렇지만 아직 만족할 만한 수준의 발명이 이루어졌다고 보기 힘들다.

여기서 주목해야 하는 점은 이른바 튜링 기계의 지능적 활동은 피실험자가 자신의 대화 상대가 컴퓨터인지 인간인지를 판단하는 테스트를 통해 지능의 우수성을 검증한다. 즉, 인간의 지능이 컴퓨터로 구현되었음을 알 수 있는 지표는 인간과 컴퓨터의 유연한 대화에 달려 있다는 뜻이다. 이런 점에서 지능의 인공적 구현은 인간의 언어 능력을 온전히 수행할 수 있는 기계를 발명하는 과정과 다르지 않다. 이러한 전제는 인간의 언어가 수학적인 논리 구조를 가지고 있을 때에만 가능하다. 그러나 과연 인간 언어의 모든 능력을 수학적 모형으로 구현할 수 있는 것일까?

이를 알기 위해서는 인간에게 내재된 문법 지식이 얼마나 형식화되었는가에 대해서 알아야 한다. 문법은 대체로 언어의 형식적인 면을 중심으로 연구되어 왔다. 핵심적인 사항은 형태소가 모여 단어를 만들고 단어가 모여 문장이 된다는 사실이다. 형태소란 가장 작은 의미 단위인데, 예를 들어 '가다, 가니, 가고'와 같은 동사 변화형에서 어간이 되는 '가-'와 어미가 되는 '-다, -니, -고' 등을 구별하는 언어 단위를 지칭한다. 이와 같이 형태소가 결합된 단어는 "나는 학교에 간다."와 같은 문장을 산출한다. 이때 문장을 구성하는 단어들은 한국어의 형태소 혹은 단어 집합에서 추출되어야 한다. 이러한 단어 집합을 '사전'이라고 하는데, 만약 사전에 없는 단어로 이루어진 집합은 한국어의 올바른 문장이라고 보기 힘들다. "나루 스플림구 강기."와 같은 문장은 정상적인 한국어 화자에게 한국어의 문장으로 인지되지 않는다.

그것은 당연히 한국어 사전에 없는 형태소나 단어들을 연결한 결과물이기 때문이다. 따라서 기계가 한국어의 올바른 문장을 산출하기 위해서는 한국어에 사용되는 단어들로부터 문장을 구성해야 한다. 그런데 인간의 두뇌에 내재되어 있는 사전을 기계에 그대로 구현하는 것은 생각만큼 쉽지 않다. 사전이라는 것이 단순히 단어들의 집합체라고 생각하면 이미 사용되고 있는 단어들을 데이터베이스 형태로 저장하면 될 것 같지만, 인간이 사용하는 단어는 단순히 저장된 목록 그 이상의 것이다. 단어들은 일정한 내용, 혹은 용법에 대한 정보를 가지고 있기 때문이다. 특히 어떤 단어들은 두 가지 이상의 의미나 용법을 가지는 경우가 있다. 이를 중의성의 문제라고 하는데, '사과'와 같이 하나의 명사가 두 의미로 사용되는 경우를 들 수 있다.

이러한 중의성의 문제는 기계가 감당하기에는 훨씬 많은 문제를 내포하고 있다. 단순히 한 품사가 두 가지 이상의 의미가 있는 문제는 비교적 간단히 처리할 수 있으나, 하나의 단어 형태가 둘 이상의 품사와 관련이 있을 때나 단어와 접사가 결합된 형태가 여러 형태소 결합체로 분석되는 경우는 다소 어려운 문제를 포함하게 된다. "검은 빛난다."와 같은 예에서 '검은'은 동사 '검다'에 관형형 '-은'이 결합된 형태로 분석될 수 있고, 명사 '검'에 보조사 '-은'이 결합된 형태로 분석될 수 있기 때문이다. 이 경우 다음 단어가 서술어이기 때문에 '검'은 명사의 어간으로만 분석된다고 쉽게 판단할 수 있지만, 기계가 이를 판단하도록 알고리듬을 만드는 일은 그리 쉬운 일이 아니기 때문이다. 무엇보다 이러한 중의성이 실제 언어 세계에서 얼마나 발생할 수 있는지 예측하는 것은 더욱 힘들다.

지금까지는 가장 간단한 언어 분석기인 형태소 분석기를 만드는 문제에 대해 살펴보았다. 형태소 분석기는 이름 그대로 단어의 형태로부터 형태소를 추출하는 시스템이다. 이 시스템은 "나는 밥을 먹는다."와 같은 문장을 "나+는, 밥+을, 먹+는다"와 같이 분석하여 문장을 분석하는 기본적인 정보를 추출하는 데 있다. 그러나 현재까지 한국어 형태소 분석기의 성공률은 90%를 조금 상회하는 정도이다. 따라서 이를 이용한 구문분석기의 성공률은 분석에 실패한 단어들이 해당 문장에 얼마나 존재하느냐에 따라 그만큼 낮아질 수밖에 없다. 물론 자연어 검색 시스템에 형태소 분석기를 이용할 때에는 이러한 분석 실패율을 좀 더 낮출 수 있으며, 검색 시스템을 작동하는 데에는 거의 불편이 없을 수도 있다. 그러나 검색 시스템 자체는 언어 분석기가 아니며, 인간의 지능적 활동의 아주 일부만을 모의할 수 있을 뿐이다.

형태소 분석은 구문 분석의 최초 단계에 해당하는 하나의 모듈일 뿐이지 그 자체로 완성된 언어 분석기는 아니다. "검은 빛난다."에서 '검'이 동사의 어간으로 옳게 분석되기 위해서는 서술어와의 관련성을 분석하는 구문분석기의 존재가 필요하다. 인간이 어떻게 두 모듈을 효율적으로 진행하는지는 정확히 알 수 없지만, 기계에게는 양자의 모듈이 선형 관계를 이루기 때문에 먼저 형태소 분석을 한 후, 인접 단어와의 연산을 통해 하나의 올바른 값을 산출하도록 하는 것이 최선이다. 그러나 이러한 인접 단어 연산은 단어가 개별적으로 처리되어 이를 총체적으로 관리하는 일이 어렵기 때문에 예기치 못한 단어 구성형이 출현하면 분석이 실패할 수 있다. 인간은 이러한 오류가 최소화하는 방향으로 자신의 언어 능력을 무난히 수행하는 것으로 보인다.

세상은 새로운 단어로 넘쳐나고 있다. "나는 아이패드를 가지고 싶어.", "아이패드가 뭔데?" 이처럼 인간은 대화를 통해 새로운 단어를 학습할 수 있다. 물론 기계도 이러한 단어 학습 모듈을 상정할 수 있지만, 인간처럼 유연하게 학습할 수는 없다. "태블릿 PC의 일종인 아이패드가 인기를 얻고 있다. 아이패드는 애플사의 신제품으로 젊은이들에게 인기를 얻고 있다." 이처럼 인간은 '아이패드'에 대한 대강의 정보를 몇 문장을 통해 얻고 활용할 수 있다. 그러나 기계는 이러한 문장 형태로부터 '대강의 정보'를 얻는 과정을 처리하기 힘들다.

구문 분석의 과정 또한 쉽지 않다. "철수가 학교에 갔어."와 같은 단순한 문장은 주어와 부사어 그리고 서술어로 분석이 비교적 용이한 일이지만, "철수도 이제는 영희도 싫어."와 같은 문장에서 중의성이 내포되어 주어와 목적어를 구별하는 일은 그리 쉽지 않다. 예를 든 문장은 두 가지 의미로 해석된다. 그러나 적절한 문맥이 주어지면 인간은 명확히 의미를 파악할 수 있다. 반면에 기계에서 한 가지의 의미를 해석하도록 알고리즘을 처리하는 일은 어렵기 때문에 구문 분석의 난제로 남아 있다.

인간은 언어를 통해 여러 가지 지능적 활동을 수행한다. 긴 글을 읽고 이해하고 이를 다시 다른 표현으로 바꾸고 요약하고, 두 가지 이상의 글이 비슷한 내용을 담고 있는지 아니면 전혀 다른 내용을 가지고 있는지를 판단한다. 그리고 하나의 언어로부터 다른 언어를 번역하는 번역 능력도 가지고 있다.

현재의 언어처리 시스템들은 대강 이러한 능력을 가진 지능적 시스템을 구축하는 연구도 아울러 수행하고 있다. 그러나 항상 문제되는 것은 결과의 정확성이다. 물론 시스템의 언어 처리에도 미덕은 있다. 인간의 언어 수행 능력에 비해 유연하지도 않고, 학습 능력(실패로부터 스스로 배우는 능력)도 떨어지고, 정확성도 낮지만 대량의 언어 자원을 처리하는 데는 인간이 따라올 수 없는 속도를 자랑한다. 이러한 이유로 형태소 분석기를 사용하는 자연어 검색 시스템을 사용하는 데 아무 문제가 없는 것이다.

이제 인간의 대화 능력에 대해 살펴보자. 인간과 인간의 대화는 단순히 의사소통의 수단이라기보다는 그 안에 깔려 있는 지능적 활동의 총체로서 지식과 정서를 교환하는 것이다. 그러기 때문에 인간의 대화는 지식을 기반으로 진행되는 것이며 대화의 연속은 특정한 언표적 혹은 언표 내적 기능을 수행한다. 예를 들어 "안녕?"이라는 발화는 인사말이며 여기에 적절한 응답 화행을 수행해야 다음의 대화로 자연스럽게 이어지게 된다. 그리고 "아이패드가 뭐니?" 혹은 "난 아이패드가 뭔지 모르겠어."와 같은 발화는 상대방으로부터 '아이패드'에 대한 정보를 획득하려는 의도로 발화된 것이다. 이러한 대화의 기능 혹은 목적은 발화자의 의도를 반영한 것이며, 응답자로부터 적절한 대답을 요구하는 발화이다. 이때 예를 든 두 발화 중 후자는 의문문이 아니다. 의문문이 아닌 문장으로부터 이것이 정보 획득을 요구하는 의사 표현임을 깨닫는 능력은 인간의 언어 능력을 넘어서 대화 능력으로부터 비롯된 것이다. 언어학적으로는 이를 화행 능력으로 부른다. 따라서 대화 시스템은 단순히 문장을 형태소와 단어의 구성체로 분석하는 이상으로 발화자의 의도를 분석하여 이에 적절한 대응이 가능한 대화 스크립트를 스스로 구성할 수 있어야 한다.

이러한 대화 능력은 언어 능력이 주어지면 자연스럽게 습득되는 것이다. 그렇지만 기계에는 형태소 분석기, 구문 분석기, 의미 분석기와 더불어 화행 분석기의 모듈을 추가해야 가능하다. 인간의 언어 능력도 이와 같은 모듈의 복합체일 수는 있지만 인간은 스스로 이러한 모듈적 구분을 인지하지 않은 채로 자연스럽게 결합하여 사용한다.

이 연구에서는 주로 인간의 화행 능력을 분석하여 대화 시스템이 발화자의 의도를 이해하고 이에 대한 적절한 응답을 할 수 있는 지능적 시스템을 구현할 수 있는 기초적 대안을 다루었다. 여기서 기초적이라 함은 아직 인간의 화행 능력을 형식화하는 연구가 기계에 적용할 만큼 충분치 않기 때문에 기존의 연구를 바탕으로 대화 시스템의 온전한 형식화를 이루기 어렵다는 의미를 내포한다. 또한 기계가 화행 능력을 수행하기 위한 형식적 재구성이 어떤 것이어야 하는지에 대한 충분한 지식을 아직 갖고 있지 않을 뿐 아니라 이를 모의하여 실험하고 피드백하는 과정을 경험하지 못했다는 의미도 아울러 내포한다. 말 그대로 인간의 화행 능력을 기계에 적용하는 문제는 이제 시작점에 있다고 해도 과언이 아니다.

그럼에도 불구하고 대화 시스템은 결국 인간의 온전한 지능적 활동과 언어 능력이 형식 논리로 얼마나 가깝게 구현될 수 있는지를 판별하는 가장 좋은 수단임에는 틀림이 없다. 따라서 현재 사용되고 있는 언어처리 시스템의 이상적 실체는 인간과 기계를 거의 구별할 수 없는 대화 시스템으로 귀결될 것이다. 즉, 대화 시스템은 단순히 기계와 대화하는 시스템으로 존재하는 것이 아니라, 인간의 언어 능력에 대한 완벽한 논리적 환원을 판가름하는 언어 지식에 대한 인간 이해의 결정물이 될 수 있다. 이러한 대화 시스템이 제대로 작동된다면 인간의 지능적 활동도 결국은 언어를 기반으로 성장한 것이라는 오래된 언어와 지능의 상관관계에 대한 가설의 여러 학설을 정리하는 계기도 될 것이다.

물론 화행 능력만으로 대화 시스템의 성공을 판단할 수 있는 것은 아니다. 앞서 언급하였듯이 인간은 대화를 통해 정보를 획득한다. 그리고 이러한 정보는 두뇌에 어떤 형태로 각인되어 있을 것이다. 그렇다면 정보나 지식의 형태를 체계화 할 수 있는 지식 모형이 아울러 필요할 것이다. 이에 대한 연구는 의미망이나 온톨로지, 혹은 지식베이스의 형태로 많은 연구가 있다. 대화 시스템도 그 연구의 특정한 이론을 배경으로 진행될 것이다. 우리의 연구에서도 그러한 지식 구조의 일부가 알고리듬으로 제시되어 있다. 이러한 지식 구조도 결국은 단어와 단어 사이의 관계, 문장과 문장 사이의 관계망으로 형식화된다. 즉, 모든 지능적 활동의 배후에는 언어적 형태의 지식이 존재하고 있는 것이다.

이상적인 대화 시스템을 구현하려면 지금까지 언급한 모든 언어적, 지능적 지식들의 모형이 하나의 시스템에 각각의 모듈로 집적되어야 한다. 그리고 그것이 가능할 때 진정한 대화 시스템 혹은 진정한 인공지능이 구현되었다고 말할 수 있을 것이다. 이러한 대화 시스템이 성공적으로 구현된다면 우리는 인간의 지적 능력에 대해서도 더 많은 이해를 할 수 있을 것이다. 설령 연구의 과정에서 이상적인 대화 시스템을 구현하는 것이 불가능해 보인다고 하더라도 그것 또한 인간 이해의 한 부분을 차지하게 될 것이다.

대화 시스템에 대한 열의는 컴퓨터의 발명과 더불어 열망된 것이지만, 언어정보처리에 대한 별다른 진전이 없는 가운데 대화 시스템에 대한 산업적 요구 또한 제한되었다. 이는 지식정보산업의 전반적 발전이라는 관점에서 볼 때 다소 유감스러운 일이다. 당면한 기술 개발의 과제가 아무리 많다 하더라도 미래를 위한 투자는 지속되어야 한다. 인간이 기계와 자연스럽게 대화할 수 있는 시스템은 일조일석에 가능한 것이 아니기 때문이다. 그러나 언젠가는 지능적인 대화 시스템의 요구는 다시 살아날 수밖에 없을 것이다. 그것은 컴퓨터가 원래 지능적 활동에 대한 요구로 탄생한 것이기 때문이다. 따라서 이상적인 대화 시스템에 대한 연구는 꾸준히 지속될 필요가 있다.

현재까지 주로 MMORPG와 같은 게임에서 사용자와 NPC의 대화가 하나의 기능으로 채택되어 있다. 이 부분을 얼마나 지능적인 대화 시스템으로 대체해야 하는지에 대한 요구는 아직 분명하지 않다. 그렇지만 이 연구에서는 이러한 적용이 관련 게임의 특성화에 기여할 수 있다는 믿음을 아울러 보여주고 있다. 물론 직접적인 적용에 대한 요구는 산업계가 판단할 문제이긴 하지만, 연구의 단초를 풀어가는 데에는 화행 능력을 모의하기 위한 알맞은 범위와 목표를 제공하고 있음은 분명하다. 제한된 범위 안에서 우리의 연구 결과물인 화행분석 알고리듬이 적절하게 작동할 수 있는 실제의 시스템을 갖게 된다면 우리의 연구도 한 단계 더 진전시킬 수 있다. 그리고 이러한 진전은 이상적인 인공지능 대화 시스템의 개발에 한 발짝 더 다가갈 수 있는 훌륭한 계기가 될 것이다.

인공지능의 구현은 어렵다. 그 이유는 인간의 언어 능력이 아직 온전히 규명되지 않았기 때문이다. 그러나 이를 규명하기 위한 연구에서는 필수적으로 각 단계별로 인간의 언어 수행 능력을 논리화한 각종 모형들이 적절한 환경에서 지속적으로 모의되어야 한다. 이러한 연구가 지속될 수 있다면 우리는 가까운 장래에 이상적인 대화 시스템을 갖게 될 수 있을지도 모른다. 이러한 이상적인 대화 시스템은 일단 개발이 되면 지식정보 산업의 전반에 커다란 영향을 끼치는 동시에 우리의 삶에도 큰 변화를 줄 것이다. 일례로 인간과 거의 의사소통에 문제가 없는 로봇으로부터 현재보다 더 편리하게 그리고 더 적절하게 정보를 획득하고 지금 인간이 하고 있는 지적 활동의 많은 부분을 대신하도록 할 수 있기 때문이다. 그러나 무엇보다 중요한 것은 대화 시스템의 구현은 결국 우리가 누구인가를 알게 되는 가장 좋은 계기를 만들어 준다는 것이다.

인공지능 대화시스템 연구

[부록 1]
화행 결정 로직

// [Greeting]

[greeting_out]

H11이 〈902〉인가?
  1y: H12가 〈question〉인가?
    2y: [greeting_in]으로 분석 [안녕?]
    2n: [greeting_out]으로 분석 [안녕.]
  1n: H11이 〈504〉인가?
    2y: H6이 〈102〉인가?
      3y: H12가 〈order〉인가?
        4y: H12가 〈question〉인가?
          5y: [greeting_in] 모듈로
          5n: [greeting_out]으로 분석 [그럼 수고하세요.]
        4n: [greeting_in] 모듈로
      3n: [greeting_in] 모듈로
    2n: H11이 〈505〉 또는 〈610〉인가?
      3y: H6이 〈102〉인가?

4y: H4가 ⟨801⟩ 또는 ⟨803⟩인가?

5y: H12가 ⟨order⟩인가?

6y: H12가 ⟨question⟩인가?

7y: [greeting_in] 모듈로

7n: [greeting_out]으로 분석 [안녕히 계세요.]

6n: [greeting_in] 모듈로

5n: [greeting_in] 모듈로

4n: [greeting_in] 모듈로

3n: H11이 ⟨506⟩인가?

4y: H12가 ⟨promise⟩인가?

5y: H12가 ⟨question⟩인가?

6y: [greeting_in] 모듈로

6n: [greeting_out]으로 분석 [다녀올게요.]

5n: [greeting_in] 모듈로

4n: [greeting_in] 모듈로

[greeting_in]

LF에 H11, H12만 있는가?

1y: H11이 ⟨604⟩인가?

2y: H12가 ⟨question⟩인가?

3y: [greeting_in]으로 분석 [안녕하세요? / 안녕하신가]

3n: [response_positive] 모듈로

2n: H11이 ⟨605⟩인가?

3y: H12가 ⟨declaration⟩인가?

4y: H12가 ⟨question⟩인가?

5y: [response_positive] 모듈로

5n: [greeting_in]으로 분석 [반갑습니다.]

　　　　4n: [response_positive] 모듈로
　　　3n: H11이 〈203〉인가?
　　　　4y: M11이 〈606〉인가?
　　　　　5y: H12가 〈question〉인가?
　　　　　　6y: [response_positive] 모듈로
　　　　　　6n: [greeting_in]으로 분석 [좋은 아침입니다.]
　　　　　5n: [response_positive] 모듈로
　　　　4n: [response_positive] 모듈로
1n: H11이 〈507〉인가?
　2y: H4가 〈802〉인가?
　　3y: H12가 〈order〉인가?
　　　4y: H12가 〈question〉인가?
　　　　5y: [response_positive] 모듈로
　　　　5n: [greeting_in]으로 분석 [어서 오세요.]
　　　4n: [response_positive] 모듈로
　　3n: H4가 〈803〉인가?
　　　4y: H6이 〈102〉인가?
　　　　5y: H12가 〈past〉인가?
　　　　　6y: H12가 〈declaration〉인가?
　　　　　　7y: H12가 〈question〉인가?
　　　　　　　8y: [response_positive] 모듈로
　　　　　　　8n: [greeting_in]으로 분석 [힐러의 집에 잘 오셨습니다.]
　　　　　　7n: [response_positive] 모듈로
　　　　　6n: [response_positive] 모듈로
　　　　5n: [response_positive] 모듈로
　　　4n: [response_positive] 모듈로
2n: H11이 〈508〉인가?
　3y: H4가 〈210〉인가?

4y: H12가 ⟨future1⟩인가?

5y: H12가 ⟨declaration⟩인가?

6y: [greeting_in]으로 분석 [처음 뵙겠습니다.]

6n: [response_positive] 모듈로

5n: [response_positive] 모듈로

4n: [response_positive] 모듈로

3n: H11이 ⟨509⟩인가?

4y: H8이 ⟨204⟩인가?

5y: H12가 ⟨declaration⟩인가?

6y: H12가 ⟨present⟩인가?

7y: H12가 ⟨question⟩인가?

8y: [response_positive] 모듈로

8n: [greeting_in]으로 분석 [티르 코네일 방문을 환영하네.]

7n: [response_positive] 모듈로

6n: [response_positive] 모듈로

5n: H8이 ⟨402⟩인가?

6y: M8이 ⟨507⟩ 또는 ⟨510⟩인가?

7y: H12가 ⟨declaration⟩인가?

8y: H12가 ⟨present⟩인가?

9y: H12가 ⟨question⟩인가?

10y: [response_positive] 모듈로

10n: [greeting_in]으로 분석 [티르 코네일에 온 것을 환영하네.]

9n: [response_positive] 모듈로

8n: [response_positive] 모듈로

7n: [response_positive] 모듈로

6n: [response_positive] 모듈로

4n: [response_positive] 모듈로

// [Response]

[response_positive]

LF에 H11, H12만 있는가?
  1y: H11이 〈906〉 또는 〈907〉인가?
    2y: H12가 〈question〉인가?
      3y: [response_reask] 모듈로
      3n: [response_positive]로 분석 [네.]
    2n: H11이 〈601〉인가?
      3y: H12가 〈ending1〉인가?
        4y: H12가 〈question〉인가?
          5y: [response_reask] 모듈로
          5n: [response_positive]로 분석 [그렇지. / 그러게.]
        4n: [response_reask] 모듈로
      3n: H11이 〈511〉인가?
        4y: H12가 〈past〉 또는 〈future1〉인가?
          5y: H12가 〈declaration〉인가?
            6y: H12가 〈question〉인가?
              7y: [response_reask] 모듈로
              7n: [response_positive]로 분석 [알았어. / 알겠습니다.]
            6n: [response_reask] 모듈로
          5n: [response_reask] 모듈로
        4n: [response_reask] 모듈로
  1n: [response_reask] 모듈로

[response_reask]

LF에 H11, H12만 있는가?

  1y: H11이 〈907〉인가?

    2y: H12가 〈question〉인가?

      3y: [response_reask]로 분석 [네?]

      3n: [response_confirmation] 모듈로

    2n: H11이 〈701〉인가?

      3y: H12가 〈question〉인가?

        4y: [response_reask]로 분석 [뭐라고?, 뭐?]

        4n: [response_confirmation] 모듈로

      3n: [response_confirmation] 모듈로

  1n: [response_confirmation] 모듈로

[response_confirmation]

LF에 H11, H12만 있는가?

  1y: H11이 〈903〉인가?

    2y: H12가 〈question〉인가?

      3y: [response_confirmation]으로 분석 [그래?]

      3n: [response_noknowing] 모듈로

    2n: H11이 〈601〉인가?

      3y: H12가 〈ending2〉인가?

        4y: H12가 〈question〉인가?

          5y: [response_confirmation]으로 분석 [그렇지?]

          5n: [response_noknowing] 모듈로

        4n: H12가 〈wonder〉인가?

          5y: H12가 〈question〉인가?

            6y: [response_noknowing] 모듈로

            6n: [response_confirmation]으로 분석 [그렇구나.]

　　　5n: [response_noknowing] 모듈로
　3n: H11이 〈806〉인가?
　　4y: H12가 〈question〉인가?
　　　5y: [response_confirmation]으로 분석 [그래서?]
　　　5n: [response_noknowing] 모듈로
　　4n: H11이 〈904〉인가?
　　　5y: H12가 〈question〉인가?
　　　　6y: [response_noknowing] 모듈로
　　　　6n: [response_confirmation]으로 분석 [저런.]
　　　5n: H11이 〈501〉인가?
　　　　6y: H12가 〈ending3〉인가?
　　　　　7y: H12가 〈question〉인가?
　　　　　　8y: [response_confirmation]으로 분석 [그러더니?]
　　　　　　8n: [response_noknowing] 모듈로
　　　　　7n: [response_noknowing] 모듈로
　　　　6n: [response_noknowing] 모듈로
1n: [response_noknowing] 모듈로

[response_noknowing]

H11이 〈905〉인가?
　1y: [response_noknowing]으로 분석 [글쎄.]
　1n: H11이 〈512〉인가?
　　2y: H6이 〈101〉인가?
　　　3y: H12가 〈declaration〉 또는 〈ending4〉인가?
　　　　4y: H12가 〈question〉인가?
　　　　　5y: [response_negative] 모듈로
　　　　　5n: [response_noknowing]으로 분석 [몰라.]

      4n: [response_negative] 모듈로

    3n: [response_negative] 모듈로

  2n: [response_negative] 모듈로

[response_negative]

LF에 H11, H12만 있는가?

  1y: H11이 〈908〉인가?

    2y: [response_negative]로 분석 [아니.]

    2n: H11에 '별 말씀을'이 있는가?

      3y: [response_negative]로 분석 [별 말씀을요.]

      3n: [call] 모듈로

  1n: H11이 〈607〉인가?

    2y: H12가 〈declaration〉 또는 〈ending4〉인가?

      3y: H12가 〈question〉인가?

        4y: [call] 모듈로

        4n: [response_negative]로 분석 [아니야.]

      3n: [call] 모듈로

    2n: [call] 모듈로

// [call]

LF에 H11, H12만 있는가?

  1y: H11이 〈513〉인가?

    2y: H12가 〈declaration〉인가?

      3y: H12가 〈question〉인가?

        4y: [promise] 모듈로

        4n: [call]로 분석 [실례합니다.]
      3n: [promise] 모듈로
   2n: H11이 〈901〉인가?
      3y: [call]로 분석 [저기.]
      3n: H11이 〈102〉인가?
         4y: H12가 〈call〉인가?
           5y: [call]로 분석 [노라야.]
           5n: H11에 〈401〉이 있는가?
              6y: [call]로 분석 [연주 씨.]
              6n: [promise] 모듈로
         4n: H11이 〈202〉인가?
           5y: [call]로 분석 [선생님.]
           5n: H11이 〈201〉인가?
              6y: [call]로 분석 [언니.]
              6n: [promise] 모듈로
   1n: [promise] 모듈로

// [contract]

[promise]

H6이 〈101〉인가?
   1y: H12가 〈promise〉인가?
      2y: H12가 〈past〉인가?
         3y: [threat] 모듈로
         3n: H11이 〈V, Sta〉인가?
            4y: [threat] 모듈로

4n: [promise]로 분석 [내가 그 일을 할게. / 시간 내에 완수하시
면 150골드 드리죠. / 담에 다시 올게요. /
초급 알바 할게. / 한번 믿어 보지.]

2n: H12에 〈give〉가 있는가?

3y: H12에 〈future1〉 또는 〈future2〉가 있는가?

4y: H12에 〈declaration〉이 있는가?

5y: H12에 〈question〉이 있는가?

6y: [threat] 모듈로

6n: [promise]로 분석 [내가 그 일을 해 주겠어.]

5n: [threat] 모듈로

4n: [threat] 모듈로

3n: H11에 〈514〉가 있는가?

4y: sub clause의 H12가 〈purpose〉인가?

5y: H12에 〈future1〉 또는 〈future2〉가 있는가?

6y: H12에 〈declaration〉이 있는가?

7y: H12에 〈question〉이 있는가?

8y: [threat] 모듈로

8n: [promise]로 분석 [다음부터 늦지않도록 하겠습니다.]

7n: [threat] 모듈로

6n: [threat] 모듈로

5n: [threat] 모듈로

4n: H12에 〈future1〉이 있는가?

5y: H12에 〈declaration〉이 있는가?

6y: H12에 〈question〉이 있는가?

7y: [threat] 모듈로

7n: [promise]로 분석 [내가 그 일을 하겠네. / 1270골드와
700의 경험치를 보상으로 주겠소.]

6n: [threat] 모듈로

5n: [threat] 모듈로

1n: [threat] 모듈로

[threat]

H6이 〈102〉인가?

　1y: H11이 〈515〉인가?

　　2y: H12가 〈past〉인가?

　　　3y: [ban] 모듈로

　　　3n: H12에 〈declaration〉이 있는가?

　　　　4y: H12에 〈question〉이 있는가?

　　　　　5y: [ban] 모듈로

　　　　　5n: [threat]로 분석 [너 죽는다.]

　　　　4n: H12가 〈will〉인가?

　　　　　5y: [threat]로 분석 [너 죽을래?]

　　　　　5n: [ban] 모듈로

　　2n: H11이 〈511〉인가?

　　　3y: H8이 〈403〉이고 M8에 〈515〉이 있는가?

　　　　4y: H12가 〈order〉인가?

　　　　　5y: H12에 〈question〉이 있는가?

　　　　　　6y: [ban] 모듈로

　　　　　　6n: [threat]로 분석 [너 죽을 줄 알아.]

　　　　　5n: [ban] 모듈로

　　　　4n: [ban] 모듈로

　　　3n: H11이 〈516〉인가?

　　　　4y: H4가 〈804〉인가?

　　　　　5y: H12가 〈past〉인가?

　　　　　　6y: [ban] 모듈로

　　　　　6n: H12에 ⟨declaration⟩이 있는가?
　　　　　　7y: H12에 ⟨question⟩이 있는가?
　　　　　　　　8y: [ban] 모듈로
　　　　　　　　8n: [threat]로 분석 [너 한 번만 더 그러면 가만 안 둔다.]
　　　　　　7n: [ban] 모듈로
　　　　5n: [ban] 모듈로
　　　4n: [ban] 모듈로
　　1n: [ban] 모듈로

// [directions]

[ban]

H6이 ⟨102⟩인가?
　1y: H11이 ⟨517⟩인가?
　　2y: H12가 ⟨order⟩인가?
　　　3y: H12에 ⟨question⟩이 있는가?
　　　　4y: [attention] 모듈로
　　　　4n: [ban]으로 분석 [너 그 일 하지 말아라. / 걱정 마세요.]
　　　3n: [attention] 모듈로
　　2n: H11이 ⟨518⟩인가?
　　　3y: H4가 ⟨804⟩인가?
　　　　4y: H12가 ⟨declaration⟩인가?
　　　　　5y: H12에 ⟨question⟩이 있는가?
　　　　　　6y: [attention] 모듈로
　　　　　　6n: [ban]으로 분석 [너 그 일을 하면 안 된다. / 그렇다고 아
　　　　　　　　　무거나 무분별하게 먹으면 안 돼요.]

5n: [attention] 모듈로

4n: [attention] 모듈로

3n: [attention] 모듈로

1n: [attention] 모듈로

[attention]

H6이 〈102〉인가?

1y: H11이 〈519〉인가?

2y: H12가 〈order〉인가?

3y: H12에 〈question〉이 있는가?

4y: [request] 모듈로

4n: [attention]으로 분석 [당신 몸조심하세요. / 가는 길이 조금
험하니 조심하세요. / 게다가 일감이란
게 언제나 있는 게 아니니까 주의하게.]

3n: H12에 〈duty〉가 있는가?

4y: H12에 〈past〉가 있는가?

5y: [request] 모듈로

5n: H12에 〈declaration〉이 있는가?

6y: H12에 〈question〉이 있는가?

7y: [request] 모듈로

7n: [attention]으로 분석 [그곳에서는 주의해야 해요.]

6n: [request] 모듈로

4n: [request] 모듈로

2n: H11이 〈606〉인가?

3y: H10이 〈402〉이고 M10에 〈519〉이 있는가?

4y: H12가 〈declaration〉인가?

5y: H12에 〈question〉이 있는가?

              6y: [request] 모듈로

              6n: [attention]으로 분석 [당신은 제 말을 명심하는 것이 좋
                         습니다.]

          5n: [request] 모듈로

        4n: [request] 모듈로

      3n: H11이 ⟨608⟩인가?

        4y: H12가 ⟨declaration⟩인가?

          5y: H12에 ⟨past⟩가 있는가?

            6y: [request] 모듈로

            6n: H12에 ⟨question⟩이 있는가?

              7y: [request] 모듈로

              7n: [attention]으로 분석 [그 길로 가면 위험합니다.]

          5n: [request] 모듈로

        4n: [request] 모듈로

  1n: H9가 ⟨102⟩인가?

    2y: H11이 ⟨608⟩인가?

      3y: H12가 ⟨declaration⟩인가?

        4y: H12에 ⟨past⟩가 있는가?

          5y: [request] 모듈로

          5n: H12에 ⟨question⟩이 있는가?

            6y: [request] 모듈로

            6n: [attention]으로 분석 [그 길은 당신에게 위험합니다.]

        4n: [request] 모듈로

      3n: [request] 모듈로

    2n: [request] 모듈로

[request]

H6이 〈102〉인가?

  1y: H12가 〈order〉인가?

   2y: H12에 〈past〉가 있는가?

    3y: [request_inform] 모듈로

    3n: H12에 〈can〉이 있는가?

      4y: [request_inform] 모듈로

      4n: H11이 〈V, Sta〉인가?

        5y: [request_inform] 모듈로

        5n: H12에 〈question〉이 있는가?

          6y: [request_inform] 모듈로

          6n: [request]로 분석 [당신이 그 일을 하게. / 내 부탁 좀 들
                         어 주게나. / 뭔가 먹을 것이 필요하면
                         또 말씀하세요. / 이거 받으세요. / 내
                         일 다시 와. / 그래도 말씀해 주시지.]

   2n: H11이 〈602〉인가?

    3y: H6이 〈402〉인가?

      4y: H12에 〈question〉이 있는가?

        5y: [request]로 분석 [네가 그 일을 하는 것이 어때?]

        5n: [request_inform] 모듈로

      4n: sub clause의 H12가 〈condition〉인가?

        5y: main clause의 H12에 〈question〉이 있는가?

          6y: [request]로 분석 [네가 그 일을 하면 어때?]

          6n: [request_inform] 모듈로

        5n: [request_inform] 모듈로

    3n: H12에 〈duty〉가 있는가?

      4y: H12에 〈past〉가 있는가?

        5y: [request_inform] 모듈로

        5n: H12에 〈declaration〉이 있는가?

6y: H12에 〈question〉이 있는가?

7y: [request_inform] 모듈로

7n: [request]로 분석 [당신 건강은 당신이 관리해야 한다구요.]

6n: [request_inform] 모듈로

4n: H12에 〈give〉가 있는가?

5y: H12에 〈future1〉이 있는가?

6y: H12에 〈question〉이 있는가?

7y: [request]로 분석 [당신이 이 물건을 들어 주겠습니까? / 데이안에게 물약을 전해주시겠어요?]

7n: [request_inform] 모듈로

6n: H12에 〈will〉이 있는가?

7y: H12에 〈question〉이 있는가?

8y: [request]로 분석 [당신이 이 물건을 들어 줄래요? / 제 부탁 좀 들어 주실래요?]

8n: [request_inform] 모듈로

7n: [request_inform] 모듈로

5n: H12에 〈neg〉가 있는가?

6y: H12에 〈future1〉이 있는가?

7y: H12에 〈question〉이 있는가?

8y: [request]로 분석 [당신이 이 일을 하지 않겠습니까?]

8n: [request_inform] 모듈로

7n: H12에 〈will〉이 있는가?

8y: H12에 〈question〉이 있는가?

9y: [request]로 분석 [네가 이 일을 하지 않을래?]

9n: [request_inform] 모듈로

8n: [request_inform] 모듈로

6n: H11이 〈518〉인가?

7y: H4가 〈804〉인가?

  8y: sub clause의 H12가 〈condition〉인가?

    9y: main clause의 H12에 〈past〉가 있는가?

      10y: [request_inform] 모듈로

      10n: H12에 〈question〉이 있는가?

        11y: [request]로 분석 [네가 이 일을 하면 안 돼?]

        11n: [request_inform] 모듈로

    9n: [request_inform] 모듈로

  8n: [request_inform] 모듈로

7n: H11이 〈606〉 또는 〈609〉인가?

  8y: H8이 〈402〉인가?

    9y: H12가 〈future1〉인가?

      10y: H12가 〈declaration〉인가?

        11y: H12에 〈question〉이 있는가?

          12y: [request_inform] 모듈로

          12n: [request]로 분석 [네가 이 일을 맡는 것이

          좋겠어.]

        11n: [request_inform] 모듈로

      10n: [request_inform] 모듈로

    9n: [request_inform] 모듈로

  8n: [request_inform] 모듈로

1n: H6이 〈103〉인가?

 2y: H12에 〈neg〉가 있는가?

  3y: H12에 〈future2〉가 있는가?

   4y: H12에 〈question〉이 있는가?

    5y: [request]로 분석 [우리 함께 산책하지 않겠나?]

    5n: [request_inform] 모듈로

   4n: H12에 〈will〉이 있는가?

5y: H12에 〈question〉이 있는가?

6y: [request]로 분석 [우리 같이 밥 먹지 않을래?]

6n: [request_inform] 모듈로

5n: [request_inform] 모듈로

3n: H12에 〈suggestion〉이 있는가?

4y: H12에 〈question〉이 있는가?

5y: [request_inform] 모듈로

5n: [request]로 분석 [우리 결혼해요.]

4n: H12에 〈will〉이 있는가?

5y: H12에 〈past〉가 있는가?

6y: [request_inform] 모듈로

6n: H12에 〈question〉이 있는가?

7y: [request]로 분석 [우리 같이 밥 먹을래요? / 다른 얘 기를 할까?]

7n: [request_inform] 모듈로

5n: [request_inform] 모듈로

2n: H6이 〈101〉인가?

3y: H9가 〈102〉인가?

4y: H11이 〈520〉인가?

5y: H12에 〈future1〉 또는 〈future2〉가 있는가?

6y: H12에 〈declaration〉이 있는가?

7y: H12에 〈question〉이 있는가?

8y: [request_inform] 모듈로

8n: [request]로 분석 [답신을 부탁드리겠습니다.]

7n: [request_inform] 모듈로

6n: H12에 〈request〉가 있는가?

7y: H12에 〈present〉가 있는가?

8y: H12에 〈question〉이 있는가?

9y: [request_inform] 모듈로

9n: [request]로 분석 [답신을 부탁할게요. / 꼭 부탁드
려요. / 잘 부탁해. / 뭣 좀 물어
보려고요.]

8n: [request_inform] 모듈로

7n: [request_inform] 모듈로

5n: [request_inform] 모듈로

4n: H12에 ⟨request⟩가 있는가?

5y: [request]로 분석 [아르바이트 하러 왔습니다.]

5n: H11이 ⟨518⟩이고 H4가 ⟨804⟩이고 sub clause의 H12가
⟨condition⟩인가?

6y: main clause의 H12가 ⟨question⟩인가?

7y: [request]로 분석 [나 한 번만 쓰면 안 될까?]

7n: [request_inform] 모듈로

6n: LF에 tw_main이 있는가?

7y: H12에 ⟨hope⟩가 있는가?

8y: [request]로 분석 [아르바이트 하고 싶어요.]

8n: [request_inform] 모듈로

7n: [request_inform] 모듈로

3n: [request_inform] 모듈로

[request_inform]

H11이 ⟨610⟩인가?

1y: H6이 ⟨402⟩ 또는 ⟨205⟩인가?

2y: M6에 ⟨521⟩이 있는가?

3y: H12에 ⟨question⟩이 있는가?

4y: [ask_why] 모듈로

      4n: [request_inform]으로 분석 [딜리스에 관해 궁금한 것이 있
            습니다.]

   3n: [ask_why] 모듈로
 2n: H6이 〈206〉인가?
   3y: H12에 〈question〉이 있는가?
     4y: [ask_why] 모듈로
     4n: [request_inform]으로 분석 [딜리스에 관해 질문이 있습니다.]
   3n: [ask_why] 모듈로
 1n: [ask_why] 모듈로

// [ask]

// [ask_why]

H12에 〈question〉이 있는가?
 1y: H5에 〈807〉이 있는가?
  2y: H11에 〈603〉이 있는가?
    3y: [ask_amount] 모듈로
    3n: [ask_why]으로 분석 [왜?]
  2n: H5에 〈1001〉이 있는가?
    3y: [ask_why]으로 분석 [뭐하느라고 이제 왔어?, 언제 봤다고 반말
              이야?]
    3n: M5에 〈701〉가 있는가?
      4y: H5에 〈207〉이 있는가?
        5y: [ask_why]으로 분석. [무슨 이유(일)로 그러는데?]
        5n: [ask_amount] 모듈로
      4n: [ask_amount] 모듈로
 1n: [ask_amount] 모듈로

// [ask_amount]

H12에 〈question〉이 있는가?
  1y: H3에 〈808〉이 있는가?
    2y: [ask_amount]으로 분석 [얼마나 많아?]
    2n: H6, M6에 〈211〉가 있는가?
      3y: [ask_amount]으로 분석 [며칠이야? 몇이야? 얼마야?]
      3n: M1, H8, M8, H9, H10, H11에 〈211〉가 있는가?
        4y: [ask_amount]으로 분석
        4n: M11에 〈809〉이 있는가?
          5y: H11에 〈518〉가 있는가?
          5n: [ask_how] 모듈로
            6y: [ask_amount]]으로 분석 [보상은 어떻게 되죠?]
            6n: [ask_how] 모듈로
  1n: [ask_how] 모듈로

// [ask_how]

H12에 〈question〉이 있는가?
  1y: H4에 〈809〉이 있는가?
    2y: [ask_how]으로 분석 [아르바이트를 하려면 어떻게 해야 하나요?]
    2n: H11에 〈502〉가 있는가?
      3y: [ask_how]으로 분석 [어떡해야 돼?]
      3n: M6, M11에 〈701〉가 있는가?
        4y: H6, H11에 〈nonanimate〉의 〈N〉이 있는가?
          5y: [ask_how]으로 분석 [어떤 방법이 있지?]
          5n: H11에 〈503〉가 있는가?

6y: H12에 〈will〉이 있는가?

　7y: [ask_how]으로 분석 [싫으면 어쩔건데?]

　7n: [ask_property] 모듈로

6n: [ask_property] 모듈로

4n: [ask_property] 모듈로

1n: [ask_property] 모듈로

// [ask_property]

H12에 〈question〉이 있는가?

1y: H11에 〈602〉이 있는가?

　2y: [ask_property]로 분석 [이 차는 어때?] [아 이거 맞으면 어떨까?] [목
　　　　　　　　　　　　　요일 날 본 연극 어땠어요?]

　2n: H6에 〈504〉, 〈102〉, 〈505〉, 〈506〉, 〈null〉이 있는가?

　3y: M11에 〈702〉이 있는가?

　　4y: H11에 〈human〉의 〈N〉이 있는가?

　　5y: [ask_property]로 분석 [레이놀드는 어떤 사람이야?]

　　5n: [ask_who] 모듈로

　4n: [ask_who] 모듈로

3n: [ask_who] 모듈로

1n: [ask_who] 모듈로

//[ask_who]

H12에 〈question〉이 있는가?

1y: H6, H7에 〈104〉이 있는가?

　2y: [ask_who]로 분석 [누가? 누구랑?]

　2n: H8, H9, H10, H11에 〈104〉이 있는가?

3y: [ask_who]으로 분석 [누구를? 누구에게? 누구로?, 누구야?]
3n: M6, M7에 〈702〉이 있는가?
  4y: H6, H7에 〈human〉의 〈N〉이 있는가?
   5y: [ask_who]으로 분석 [어느(어떤) 학생이 제일 공부를 잘 해?]
   5n: [ask_when] 모듈로
  4n: M8, M9, M10, M11에 〈702〉이 있는가?
   5y: H8, H9, H10, H11에 〈human〉의 〈N〉이 있는가?
    6y: [ask_who]으로 분석 [어떤 사람을 찾아?]
    6n: [ask_when] 모듈로
   5n: [ask_when] 모듈로
1n: [ask_when] 모듈로

// [ask_when]

H12에 〈question〉이 있는가?
 1y: M1, H1, H2, M10, M11, H11에 〈105〉가 있는가?
  2y: [ask_when]으로 분석 [언제 갈거야? 장 서는 날이 며칠이지?]
  2n: [ask_where] 모듈로
 1n: [ask_where] 모듈로

// [ask_where]

H12에 〈question〉이 있는가?
 1y: H2에 〈703〉이 있는가?
  2y: [ask_where]로 분석 [어디?]
  2n: H6에 〈703〉이 있는가?
   3y: [ask_where]로 분석 [어디가 아픈데?]
   3n: H8, H9, H10, H11에 〈703〉이 있는가?

4y: [ask_where]로 분석 [어디를 가는데?]
4n: M2에 〈703〉이 있는가?
 5y: H2에 〈space〉의 〈N〉이 있는가?
  6y: [ask_where]로 분석 [어느 쪽이야?] [어느 집이야?]
  6n: M6에 〈703〉이 있는가?
   7y: H6에 〈space〉의 〈N〉이 있는가?
    8y: [ask_where]으로 분석
    8n: M8, M9, M10, M11에 〈703〉이 있는가?
     9y: H8, H9, H10, H11에 〈space〉의 〈N〉이 있는가?
      10y: [ask_where]로 분석
      10n: [ask_what] 모듈로
     9n: [ask_what] 모듈로
1n: [ask_what] 모듈로

// [ask_what]

H12에 〈question〉이 있는가?
 1y: H6, H7에 〈701〉이 있는가?
  2y: [ask_what]으로 분석 [뭐가 있지?] [어떤 것이 있지?]
  2n: H8, H9, H10, H11에 〈701〉이 있는가?
   3y: H6에 〈102〉이 있는가?
    4y: [ask_which] 모듈로 [너 뭐야?]
    4n: [ask_what]으로 분석 [무엇을? 무엇에?]
   3n: M6, M7에 〈701〉이 있는가?
    4y: H6, H7에 〈nonhuman〉의 〈N〉이 있는가?
    4n: [ask_what]으로 분석 [어떤 옷? 무슨 차?]
     5y: M8, M9, M10, M11에 〈701〉이 있는가?
      6y: H8, H9, H10, H11에 〈nonhuman〉의 〈N〉이 있는가?

7y: [ask_what]으로 분석 [어떤 건데요?, 이 마을은 어떤 곳인
가요?]
7n: [ask_which]모듈로
6n: [ask_which]모듈로
1n: [ask_which]모듈로

// [ask_which]

H12에 〈question〉이 있는가?
1y: 동일한 〈ending〉이 2개 이상 있는가?
2y: [ask_which]으로 분석 [예: '예가 있어? 없어?' , '그저껜가, 어저껜가?']
2n: H11에 동일 형태의 〈N〉이 2개 이상 있는가?
3y: [ask_which]으로 분석 [예: '이십분? 삼십분?']
3n: [statement]모듈로
1n: [statement]모듈로

// ([ask_YN]은 [declaration] 앞으로 보냄)

// [statement]

[statement_feeling] // 자질 목록 탐색.

H12에 〈happy〉, 〈angry〉, 〈dislike〉, 〈like〉, 〈sad〉 가 있는가?
1y: [statement_feeling]으로 분석
1n: [apology] 모듈로

// [apology]

H11에 〈611〉가 있는가?

  1y: [apology]로 분석

  1n: [praise]모듈로

// [praise]

H6에 〈101〉이 있는가?

  1y: [congratulation]모듈로

  1n: H11에 〈606〉, 〈612〉이 있는가?

    2y: [praise]으로 분석 [보기 좋군, 멋져, 멋있다, 이쁘네]

    2n: M11에 〈606〉가 있는가?

      2y: H11에 〈208〉이 있는가?

        3y: [praise]으로 분석 [좋은 생각이야]

        3n: [congratulation]모듈로

// [congratulation]

H11에 〈522〉가 있는가?

  1y: [congratulation]로 분석

  1n: H11에 〈523〉이 있는가?

    2y: H12에 〈past〉가 있는가?

      3y: [congratulation]로 분석 [잘됐어, 잘됐다, 잘됐구나]

      3n: 다음으로

    2n: 다음으로

// [thanks]

H11에 〈616〉이 있는가?

1y: [thanks]로 분석
1n: M11에 〈803〉이 있는가?
　2y: H12에 〈future1〉이 있는가?
　　3y: [thanks]로 분석 [잘 먹겠습니다]
　　3n: [boast]모듈로
　2n: [boast]모듈로

// [boast]

H6에 〈101〉이 있는가?
　1y: H11에 〈606〉, 〈524〉가 있는가?
　　2y: [boast]로 분석 [나 잘한다, 나 좀 잘해, 나는 음식 솜씨가 좋아]
　　2n: [objection] 모듈로
　1n: [objection] 모듈로

// [objection]

H11에 〈613〉이 있는가?
　1y: [objection]로 분석 [달라]
　1n: [concern] 모듈로

// [concern]

H11에 〈525〉이 있는가?
　1y: [concern]으로 결정. [걱정된다, 고민이다, 고민된다, 괴롭다]
　1n: [comfort]모듈로

// [comfort]

H11에 〈526〉이 있는가?

  1y: H12에 〈order〉, 〈suggestion〉, 〈wonder〉가 있는가?

  2y: [comfort]로 분석 [힘내(어, 라, 자) 기운내(어, 라, 자)][고생하는구나]

  2n: [wish]모듈로

 1n: H11에 〈523〉이 있는가?

  2y: H12에 〈can〉, 〈future2〉가 있는가?

   3y: [comfort]로 분석 [잘 될거야]

   3n: [wish]모듈로

  2n: [wish]모듈로

// [wish]

H6에 〈102〉이 있는가?

  1y: H11에 〈520〉이 있는가?

   2y: [wish]로 분석 [네가 잘되길 바래]

  2n: H11에 〈606〉이 있는가?

   3y: H12에 〈condition〉이 있는가?

    4y:[wish]로 분석 [난 살이 안쪘으면 좋겠어]

    4n: [envy]모듈로

   3n: [envy]모듈로

 1n: H12에 〈hope〉가 있는가?

  2y: [wish]로 분석 [먹고 싶다]

  2n: [envy]모듈로

//[envy]

LF에 H11만 채워져 있는가?

1y: H11에 〈606〉가 있는가?

  2y: [envy]로 분석 [부러워, 부럽다]

  2n: H11에 〈614〉가 있는가?

   3y: H12에 〈future1〉이 있는가?

    4y: [envy]로 분석 [좋겠다]

    4n: [accept] 모듈로

   3n: [accept] 모듈로

1n: [accept] 모듈로

// [accept]

LF에 H11만 채워져 있는가?

  1y: H11에〈606〉이 있는가?

   2y: [accept]으로 분석

   2n: [rejection] 모듈로

  1n: [rejection] 모듈로

// [rejection]

H11에 〈527〉이 있는가?

  1y: [rejection]로 분석.

  1n: H11에〈518〉가 있는가?

   2y: H12에 〈past〉가 있는가?

    3y: [rejection]로 분석. [됐습니다]

    3n: [guess]모듈로

   2n: [guess]모듈로

// [guess]

M11, H11에 〈805〉이 있는가?

  1y: [guess]로 분석

  1n: H11에 〈guess〉가 있는가?

   2y: [guess]로 분석

   2n: [criticism]모듈로

// [criticism]

H12에 〈question〉이 있는가?

  1y: H5에 〈807〉이 있는가?

   2y: H11에 〈603〉이 있는가?

    3y: [criticism]으로 분석. [왜 이래?]

    3n: [complaint] 모듈로

   2n:: H6에 〈102〉, 〈null〉이 있는가?

    3y: H11에 〈701〉가 있는가?

     4y: [criticism]으로 분석. [너 뭐야?]

     4n: [complaint] 모듈로

    3n: [complaint] 모듈로

  1n:: H11에 〈617〉이 있는가?

   2y: [criticism]으로 분석.

   2n: [complaint] 모듈로

// [complaint]

H6에 〈102〉, 〈null〉이 있는가?

  1y: H11에 〈615〉이 있는가?

   2y: H12에 〈order〉, 〈complaint〉인가?

　　3y: [complaint]로 분석. [힘들어, 너무하잖아]
　　3n: 다음으로
　2n: H4에 〈804〉이 있는가?
　　3y: H9에 〈209〉가 있는가?
　　　4y: H11에 〈528〉가 있는가?
　　　　5y: [complaint]로 분석.
　　　　5n: H11에 〈529〉이 있는가?
　　　　　6y: [complaint]로 분석. [못 살아, 못 살겠어]
　　　　　6n: [ask_YN] 모듈로
　　　3n: [ask_YN] 모듈로
　1n: [ask_YN] 모듈로

// [ask_YN]

H12에 〈question〉이 있는가?
　1y: [ask_YN]으로 분석
　1n: [declaration] 모듈로

// [declaration]

H11에 〈N〉, 〈V〉, 〈a〉가 있는가?
　1y: [declaration]으로 분석
　1n: 3n: non-understanding으로 처리

[부록 2]
화행 결정 로직에 적용된 자질 목록

〈기호 부여 방식〉

1. 단어 부류별로 번호 부여(1: 대명사, 2: 일반명사, 3: 수사, 4: 의존 명사, 5: 동사, 6: 형용사, 7: 관형사, 8: 부사, 9: 감탄사, 10: 구 표현)
2. 단어 부류 번호 뒤에 하위 그룹 번호 부여(01부터 시작)

양태자질	형태 목록
call	아, 야
can	ㄹ 수 있다
complaint	잖아
condition	면
declaration	어, 어요, 다, 다네, 다고요, 다구요, 다구, 다고, 습니다, 네, 소, 지, 지요, 에요, 네요
duty	어야 하다
future1	겠
future2	을 것이
give	어 주다, 어 드리다
guess	ㄴ가 보다, 수도 있다, 도 모르다
hope	고 싶다
neg	지 않다
order	어, 어요, 어라, ㅂ시오, 게, 게나, 세요, 라고, 라구, 시지요, 시게, 십시오, 지, 어자
past	었, 았, ㅆ
present	는, ∅
promise	ㄹ게, ㄹ게요, 겠습니다, 지요, 지, 죠, 마, 음세
purpose	도록
question	?, ㅂ니까, ㄴ가, 나, 냐, 을까, 을까요, 니
quotation	라고

양태자질	형태 목록
request	ㄹ게, ㄹ게요, 네, ㅂ니다, 어요, 어, 려고, 려고요, 하러, 하려고
suggestion	자, 세, 어요, ㅂ시다, 지
will	을래, 을래요
wonder	구나, 군, 군요
ending1	지, 니까, 게, 야
ending2	지, 지요, ㄴ가, ㄴ가요
ending3	더니
ending4	는데, 는다니까

기호	형태 목록
101	나(1인칭)
102	NPC명, 너, 당신(2인칭)
103	우리
104	누구
105	언제, 며칠
201	언니, 형, 누나, 이모, 엄마, 아빠, 삼촌, 자네, 너, 아저씨, 아주머니, 아줌마
202	선생님, 손님, 사장님, 교수님, 사제님
203	아침
204	방문
205	점
206	질문
207	일, 이유
208	생각
209	마음, 맘
210	처음
211	얼마, 몇, 며칠
401	씨, 님, 군, 양
402	것
403	줄

기호	형태 목록
501	그러다
502	어떡하다
503	어쩌다
504	수고하다, 다녀오다, 갔다오다, 살펴가다
505	계시다, 주무시다, 자다
506	다녀오다, 갔다오다
507	오다
508	뵙다
509	환영하다
510	방문하다
511	알다
512	모르다
513	실례하다
514	하다
515	죽다, 혼나다, 맞다
516	만나다, 놀다, 두다
517	말다
518	되다
519	주의하다, 명심하다, 조심하다, 몸조심하다, 기억하다
520	기대하다, 요청하다, 기다리다, 바라다, 부탁하다, 부탁드리다, 묻다, 물어보다
521	물어보다, 여쭤보다, 궁금하다, 허락받다
522	축하하다
523	잘되다
524	잘하다
525	걱정되다, 고민하다, 괴롭다
526	힘내다, 기운내다, 고생하다
527	못하다, 싫다, 안하다
528	들다
529	못살다
601	그렇다
602	어떻다

기호	형태 목록
603	이렇다
604	안녕하다
605	반갑다
606	좋다
607	아니다
608	위험하다
609	괜찮다
610	있다
611	미안하다, 죄송하다, 잘못하다
612	이쁘다, 귀엽다, 대단하다, 멋있다, 멋지다, 잘하다, 쓸만하다, 좋다
613	다르다
614	부럽다
615	힘들다, 짜증나다, 너무하다, 무료하다, 불편하다, 답답하다, 못마땅하다, 시시하다, 쳇, 치
616	감사하다, 고맙다, 쌩유, 땡큐
617	미치다, 나쁘다, 잘나다, 이중적이다, 난리다, 참 내, 흥
701	무엇, 어떤, 무슨
702	어느, 어떤
703	어느, 어디
801	안녕히, 조심히
802	어서
803	잘
804	안
805	아마도, 아마
806	그런데, 그래서, 그러니까
807	왜
808	얼마나
809	어떻게
901	저, 저기, 야, 애
902	안녕
903	그래, 그래요, 진짜, 정말, 진짜요, 정말요
904	저런, 이런, 음, 하하하, 으, 흠, 으흠, 허허

기호	형태 목록
905	글쎄, 글쎄요
906	아, 그래, 그래요, 그럼, 맞아, 맞아요
907	응, 어, 에, 예, 어어, 네, 넵
908	아니, 아니요
1001	뭐하느라고, 언제 봤다고

N자질	형태목록(어휘부에서 자질이 기록되어 있음)
human	인간을 의미하는 것 전부
nonanimate	유정성을 가지지 않는 것 전부.
nonhuman	인간이 아닌 것 전부.
human	사람, 학생 등등
space	곳, 쪽 등등
N	명사 전부.

감정자질	형태 목록
happy	이야, 우와, 기쁘다, 행복하다, 기분이 좋다. ^^
angry	짜증나다, 당황스럽다, 불쾌하다, 기분이 나쁘다, 기분이 좋지 않다, (욕 어휘)
dislike	별로이다, 좋지 않다, 에게~, 무섭다
like	좋다, ㅎㅎ, 호호, 우와, 아싸, 하하하, 히히
sad	슬프다, 흑흑, ㅜㅜ, ㅠㅠ

* 문장 분석 벡터의 H와 M자리가 비어 있을 때는 기본적으로 null 자질을 갖는다.

[부록 3]
대응 화행 로직

// [greeting]

user의 speech act가 〈greeting_out〉인가?
　1y: NPC의 speech act는 [greeting_out] or [response_positive] 후보 화
　　　행 중 랜덤 선택
　1n: user의 speech act가 〈greeting_in〉인가?
　　2y: NPC의 speech act는 [greeting_in] or [response_positive] 후보 화
　　　　행 중 랜덤 선택
　　2n: [response_positive] 모듈로

// [response]

// [response_positive]

user의 speech act가 〈response_positive〉인가?
　1y: NPC의 speech act는 [greeting_out] or [request] or [promise] or
　　　[wish] 후보 화행 중 랜덤 선택
　1n: [response_reask] 모듈로

// [response_reask]

user의 speech act가 〈response_reask〉인가?

1y: NPC의 이전 발화 산출 or [greeting_out]
1n: [response_confirmation] 모듈로

// [response_confirmation]

user의 speech act가 〈response_confirmation〉인가?
  1y: NPC의 speech act는 [greeting_out] or [response_positive] 후보 화
      행 중 랜덤 선택
  1n: [response_noknowing] 모듈로

// [response_noknowing]

user의 speech act가 〈response_noknowing〉인가?
  1y: NPC의 speech act는 [response_positive] or [greeting_out] 후보 화
      행 중 랜덤 선택
  1n: [response_negative] 모듈로

// [response_negative]

user의 speech act가 〈response_negative〉인가?
  1y: NPC의 speech act는 [response_positive] or [greeting_out] or
      [promise] 후보 화행 중 랜덤 선택
  1n: [response_none] 모듈로

// [response_none]

user의 speech act가 〈response_none〉인가?
  1y: NPC의 speech act는 [greeting_out] 선택

1n: [call] 모듈로

// [call]

user의 speech act가 〈call〉인가?
 1y: NPC의 speech act는 [response_positive] or [ask_what] or [ask_
    why] or [request] 후보 화행 중 랜덤 선택
 1n: [thanks] 모듈로

// [thanks]

user의 speech act가 〈thanks〉인가?
 1y: NPC4의 speech act는 [statement_like] or [response_positive] or
    [praise] or [request] or [greeting_out] 후보 화행 중 랜덤 선택
 1n: [promise] 모듈로

※ main/sub 모듈

// [contract]
// [promise]

user의 speech act가 〈promise〉인가?
 1y: 〈promise〉가 User1의 speech act인가?
  2y: NPC1의 speech act는 [request] or [response_positive] or [accept]
     or [promise] 후보 화행 중 랜덤 선택
  2n: 〈promise〉가 User2의 speech act인가?
   3y: NPC2의 speech act는 [request] or [response_positive] or [accept]
      or [promise] 후보 화행 중 랜덤 선택

3n: NPC3의 speech act는 [greeting_out] or [request] or [response_
    positive] or [accept] or [promise] 후보 화행 중 랜덤 선택
1n: [threat] 모듈로

// [threat]

user의 speech act가 〈threat〉인가?
 1y: 〈threat〉가 User1의 speech act인가?
  2y: NPC1의 speech act는 [declaration] or [criticism] or [promise] or
      [request] or [ask_why] 후보 화행 중 랜덤 선택
  2n: 〈threat〉가 User2의 speech act인가?
   3y: NPC2의 speech act는 [declaration] or [criticism] or [promise] or
       [request] or [ask_why] 후보 화행 중 랜덤 선택
   3n: 〈threat〉이 User3의 speech act인가?
    4y: NPC3의 speech act는 [declaration] or [criticism] or [promise] or
        [request] or [greeting_out] 후보 화행 중 랜덤 선택
    4n: [ban] 모듈로
 1n: [ban] 모듈로

// [ban]

user의 speech act가 〈ban〉인가?
 1y: 〈ban〉이 User1의 speech act인가?
  2y: NPC1의 speech act는 [declaration] or [criticism] or [promise] or
      [request] or [ask_why] 후보 화행 중 랜덤 선택
  2n: 〈threat〉가 User2의 speech act인가?
   3y: NPC2의 speech act는 [declaration] or [criticism] or [promise] or
       [request] or [ask_why] 후보 화행 중 랜덤 선택

3n: 〈threat〉이 User3의 speech act인가?

　4y: NPC3의 speech act는 [declaration] or [criticism] or [promise] or [request] or [greeting_out] 후보 화행 중 랜덤 선택

　4n: [attention] 모듈로

1n: [attention] 모듈로

// [attention]

user의 speech act가 〈attention〉인가?

1y: 〈attention〉이 User1의 speech act인가?

　2y: NPC1의 speech act는 [declaration] or [criticism] or [promise] or [request] or [ask_why] 후보 화행 중 랜덤 선택

　2n: 〈attention〉가 User2의 speech act인가?

　　3y: NPC2의 speech act는 [declaration] or [criticism] or [promise] or [request] or [ask_why] 후보 화행 중 랜덤 선택

　　3n: 〈attention〉이 User3의 speech act인가?

　　　4y: NPC3의 speech act는 [declaration] or [criticism] or [promise] or [request] or [greeting_out] 후보 화행 중 랜덤 선택

　　　4n: [statement_feeling] 모듈로

1n: [statement_feeling] 모듈로

// [statement_feeling]

user의 speech act가 〈statement_feeling〉인가?

1y: 〈statement_feeling〉이 User1의 speech act인가?

　2y: NPC1의 speech act는 [response_positive] or [response_confirmation] or [request] or [ask_why] 후보 화행 중 랜덤 선택

2n: 〈statement_feeling〉이 User2의 speech act인가?

  3y: NPC2의 speech act는 [response_positive] or [response_confirmation] or [request] or [ask_why] 후보 화행 중 랜덤 선택

3n: 〈statement_feeling〉이 User3의 speech act인가?

  4y: NPC3의 speech act는 [response_positive] or [response_confirmation] or [requset] or [greeting_out] 후보 화행 중 랜덤 선택

  4n: [apology] 모듈로

1n: [apology] 모듈로

// [apology]

user의 speech act가 〈apology〉인가?

 1y: 〈apology〉가 User1의 speech act인가?

  2y: NPC1의 speech act는 [response_positive] or [request] or [ask_why] 후보 화행 중 랜덤 선택

 2n: 〈apology〉가 User2의 speech act인가?

  3y: NPC2의 speech act는 [response_positive] or [request] or [ask_why] 후보 화행 중 랜덤 선택

  3n: 〈apology〉가 User3의 speech act인가?

   4y: NPC3의 speech act는 [response_positive] or [request] or [greeting_out] 후보 화행 중 랜덤 선택

   4n: [praise] 모듈로

1n: [praise] 모듈로

// [praise]

user의 speech act가 〈praise〉인가?

1y: ⟨praise⟩가 User1의 speech act인가?

  2y: NPC1의 speech act는 [thanks] or [response_positive] or [ask_what] or [ask_why] 후보 화행 중 랜덤 선택

  2n: ⟨praise⟩가 User2의 speech act인가?

    3y: NPC2의 speech act는 [thanks] or [response_positive] or [ask_what] or [ask_why] 후보 화행 중 랜덤 선택

    3n: ⟨praise⟩가 User3의 speech act인가?

      4y: NPC3의 speech act는 [thanks] or [response_positive] or [greeting_out] 후보 화행 중 랜덤 선택

      4n: [boast] 모듈로

1n: [boast] 모듈로

// [boast]

user의 speech act가 ⟨boast⟩인가?

  1y: ⟨boast⟩가 User1의 speech act인가?

    2y: NPC1의 speech act는 [response_confirmation] or [praise] or [response_positive] or [ask_what] 후보 화행 중 랜덤 선택

    2n: ⟨boast⟩가 User2의 speech act인가?

      3y: NPC2의 speech act는 [response_confirmation] or [praise] or [response_positive] or [ask_what] 후보 화행 중 랜덤 선택

      3n: ⟨boast⟩가 User3의 speech act인가?

        4y: NPC3의 speech act는 [statement_like] or [praise] or [response_positive] or [request] or [greeting_out] 후보 화행 중 랜덤 선택

        4n: [objection] 모듈로

  1n: [objection] 모듈로

// [objection]

user의 speech act가 ⟨objection⟩인가?

  1y: ⟨objection⟩이 User1의 speech act인가?

    2y: NPC1의 speech act는 [promise] or [threat] or [criticism] or
        [response_reask] or [ask_why] 후보 화행 중 랜덤 선택

    2n: ⟨objection⟩이 User2의 speech act인가?

      3y: NPC2의 speech act는[promise] or [threat] or [criticism] or
          [response_reask] or [ask_why] 후보 화행 중 랜덤 선택

      3n: ⟨objection⟩이 User3의 speech act인가?

        4y: NPC3의 speech act는[promise] or [threat] or [criticism] or
            [greeting_out] 후보 화행 중 랜덤 선택

        4n: [concern] 모듈로

  1n: [concern] 모듈로

// [concern]

user의 speech act가 ⟨concern⟩인가?

  1y: ⟨concern⟩이 User1의 speech act인가?

    2y: NPC1의 speech act는 [declaration] or [promise] or [comfort] or
        [attention] or [ask_yn] 후보 화행 중 랜덤 선택

    2n: ⟨concern⟩이 User2의 speech act인가?

      3y: NPC2의 speech act는 [declaration] or [promise] or [comfort] or
          [attention] or [ask_yn] 후보 화행 중 랜덤 선택

      3n: ⟨concern⟩이 User3의 speech act인가?

        4y: NPC3의 speech act는 [declaration] or [promise] or [comfort] or
            [attention] or [greeting_out] 후보 화행 중 랜덤 선택

        4n: [comfort] 모듈로

1n: [comfort] 모듈로

// [comfort]

user의 speech act가 〈comfort〉인가?
  1y: 〈comfort〉가 User1의 speech act인가?
    2y: NPC1의 speech act는 [thanks] or [declaration] or [response_
        positive] 후보 화행 중 랜덤 선택
    2n: 〈comfort〉가 User2의 speech act인가?
      3y: NPC2의 speech act는 [thanks] or [declaration] or [response_
          positive] 후보 화행 중 랜덤 선택
      3n: 〈comfort〉가 User3의 speech act인가?
        4y: NPC3의 speech act는 [thanks] or [declaration] or [response_
            positive] or [greeting_out] 후보 화행 중 랜덤 선택
        4n: [wish] 모듈로
  1n: [wish] 모듈로

// [wish]

user의 speech act가 〈wish〉인가?
  1y: 〈wish〉가 User1의 speech act인가?
    2y: NPC2의 speech act는 [declaration] or [ask_yn] or [response_
        positive] or [response_reask] 후보 화행 중 랜덤 선택
    2n: 〈wish〉가 User2의 speech act인가?
      3y: NPC2의 speech act는 [declaration] or [ask_yn] or [response_
          positive] or [response_reask] 후보 화행 중 랜덤 선택
      3n: 〈wish〉가 User3의 speech act인가?
        4y: NPC4의 speech act는 [declaration] or [ask_yn] or [response_

positive] or [response_reask] or [greeting_out] 후보 화행 중
랜덤 선택
4n: [envy] 모듈로
1n: [envy] 모듈로

// [envy]

user의 speech act가 〈envy〉인가?
1y: 〈envy〉가 User1의 speech act인가?
2y: NPC2의 speech act는 [boast] or [declaration] or [response_
positive] or [wish] 후보 화행 중 랜덤 선택
2n: 〈envy〉가 User2의 speech act인가?
3y: NPC2의 speech act는 [boast] or [declaration] or [response_
positive] or [wish] 후보 화행 중 랜덤 선택
3n: 〈envy〉가 User3의 speech act인가?
4y: NPC3의 speech act는 [boast] or [declaration] or [response_
positive] or [wish] or [greeting_out] 후보 화행 중 랜덤 선택 4n:
[accept] 모듈로
1n: [accept] 모듈로

// [accept]

user의 speech act가 〈accept〉인가?
1y: 〈accept〉가 User1의 speech act인가?
2y: NPC1의 speech act는 [response_positive] or [declaration] 후보
화행 중 랜덤 선택
2n: 〈accept〉가 User2의 speech act인가?
3y: NPC2의 speech act는 [response_positive] or [declaration] 후보

화행 중 랜덤 선택
    3n: ⟨accept⟩가 User3의 speech act인가?
      4y: NPC3의 speech act는 [response_positive] or [declaration] or [greeting_out] 후보 화행 중 랜덤 선택
      4n: [rejection] 모듈로
  1n: [rejection] 모듈로

// [rejection]

user의 speech act가 ⟨rejection⟩인가?
  1y: ⟨rejection⟩가 User1의 speech act인가?
    2y: NPC1의 speech act는 [ask_how] or [response_positive] or [request] or [declaration] 후보 화행 중 랜덤 선택
    2n: ⟨rejection⟩가 User2의 speech act인가?
      3y: NPC2의 speech act는 [ask_how] or [response_positive] or [request] [declaration] 후보 화행 중 랜덤 선택
      3n: ⟨rejection⟩가 User3의 speech act인가?
        4y: NPC3의 speech act는 [ask_how] or [response_positive] or [request] or [declaration] or [greeting_out] 후보 화행 중 랜덤 선택
        4n: [rejection] 모듈로
  1n: [rejection] 모듈로

// [guess]

user의 speech act가 ⟨guess⟩인가?
  1y: ⟨guess⟩가 User1의 speech act인가?
    2y: NPC1의 speech act는 [agreement] or [response_positive] or

[declaration] 후보 화행 중 랜덤 선택

　2n: 〈guess〉가 User2의 speech act인가?

　　3y: NPC2의 speech act는 [agreement] or [response_positive] or
　　　　[declaration] 후보 화행 중 랜덤 선택

　　3n: 〈guess〉가 User3의 speech act인가?

　　　4y: NPC3의 speech act는 [agreement] or [response_positive] or
　　　　　[declaration] or [greeting_out] 후보 화행 중 랜덤 선택

　　　4n: [criticism] 모듈로

　1n: [criticism] 모듈로

// [criticism]

user의 speech act가 〈criticism〉인가?

　1y: 〈criticism〉가 User1의 speech act인가?

　　2y: NPC1의 speech act는 [declaration] or [response_negative] or
　　　　[statement_angry] 후보 화행 중 랜덤 선택

　　2n: 〈criticism〉가 User2의 speech act인가?

　　　3y: NPC2의 speech act는 [declaration] or [response_negative] or
　　　　　[statement_angry] 후보 화행 중 랜덤 선택

　　　3n: 〈criticism〉가 User3의 speech act인가?

　　　　4y: NPC3의 speech act는 [declaration] or [response_negative] or
　　　　　　[statement_angry] or [greeting_out] 후보 화행 중 랜덤 선택

　　　　4n: [complaint] 모듈로

　1n: [complaint] 모듈로

// [complaint]

user의 speech act가 〈complaint〉인가?

1y: 〈complaint〉가 User1의 speech act인가?
  2y: NPC1의 speech act는 [declaration] or [promise] or [response_
      reask] or [ask_why] 후보 화행 중 랜덤 선택
  2n: 〈complaint〉가 User2의 speech act인가?
    3y: NP2의 speech act는 [declaration] or [promise] or [response_
        reask] or [ask_why] 후보 화행 중 랜덤 선택
    3n: 〈complaint〉가 User3의 speech act인가?
      4y: NPC3의 speech act는 [declaration] or [promise] or [greeting_
          out] 후보 화행 중 랜덤 선택
      4n: [declaration] 모듈로
1n: [declaration] 모듈로

// [declaration]

speech act가 〈declaration〉인가?
1y: TW 자질이 main인가?
  2y: 〈declaration〉이 User1의 speech act인가?
    3y: theme word가 '선물'인가?
    3y: NPC1의 speech act는 [request] or [declaration] or [ask_what] or
        [ask_why] or [ask_yn] 후보 화행 중 랜덤 선택
    3n: 〈declaration〉이 User2의 speech act인가?
      4y: NPC2의 speech act는 [request] or [response_positive] or [ask_
          yn] 후보 화행 중 랜덤 선택
      4n: 〈declaration〉이 User3의 speech act인가?
        5y: NPC3의 speech act는 [request] or [greeting_out] 후보 화행 중
            랜덤 선택
        5n: 지식베이스 모듈로

2n: TW 자질이 sub인가?

  3y: 〈declaration〉이 User1의 speech act인가?

   4y: NPC1의 speech act는 [thanks] or [statement_like]

   4n: 〈declaration〉이 User2의 speech act인가?

    5y: NPC2의 speech act는 [thanks] or [response_positive]

    5n: 〈declaration〉이 User3의 speech act인가?

     6y: NPC3의 speech act는 [greeting_out] or [request]

     6n: [nounderstanding] 모듈로

// [nounderstanding]

speech act가 〈nounderstanding〉인가?

1y: NPC의 speech act는 [reask]

1n: 지식베이스 모듈로

| 참고문헌 |

강경석(1999), 「컴퓨터게임의 몰입기제에 관한 연구: 대학생 게임방 이용자를
　　　중심으로」, 연세대학교 석사학위논문.
강상우·고영중·서정연(2008), 「대화 시스템을 위한 계획 인식과 담화 스택
　　　을 이용한 효과적인 응답 생성」, 『인지과학』 19-2, 한국인지과학회,
　　　107-123쪽.
고수진·반경진·김현희(2008), 「적극적인 NPC(Non-Player Character)가 인
　　　터랙티브 스토리텔링에 미치는 영향에 대한 연구: '놀러오세요 동물의
　　　숲'을 중심으로」, 『한국디자인학회 학술발표대회 논문집』, 122-123쪽.
고욱 외(2003), 『디지털 스토리텔링』, 황금가지.
고창수(1999), 『한국어와 인공지능』, 태학사.
고창수(2006), 「메타텍스트를 위한 지식베이스 구축 방법」, 『한성인문학』 4,
　　　한성대학교 인문과학연구소, 85-98쪽.
권영철(1998), 『한국어 화행 동사의 분석』, 서울대학교 석사학위논문.
권정현(2006), 『주어의 의미역 연구』, 한성대학교 석사학위논문.
앤드류 롤링스 외(2004), 「게임 기획 개론」, 제우 미디어.
김경덕(2002), 「대화에서 응답 관계의 시각화」, 『한국정보과학회지』 29-2. 한
　　　국정보과학회.
김경선·서정연(2003), 「자질 선택 기법을 이용한 한국어 화행 결정」, 『한국정
　　　보과학회지』 30-3, 한국정보과학회, 278-284쪽.
김기찬(1994), 「영어와 한국어의 화행의미표지의 비교」, 『언어과학연구』 11,
　　　언어과학회, 103-148쪽.

김도완·박재득·박동인(1996), 「자연언어 대화(NL Dialogue)에서 플랜 인지 시스템을 이용한 사용자의 목표(Goal) 도출」, 『한국정보과학회 언어 공학연구회 학술발표 논문집』, 393-399쪽.

김석환·이청재·정상근·이근배(2007), 「EPG 정보 검색을 위한 예제 기반 자연어 대화 시스템」, 『소프트웨어 및 응용』 34-2, 한국정보과학회 언어 공학연구회, 123-130쪽.

김영길 외(1995), 「데이터베이스 검색을 위한 계획인식 기반형 대화시스템의 설계 및 구현」, 『대한전자공학회지』 18-2, 대한전자공학회.

김영택 외(2001), 『자연언어처리』, 생능.

김용재·서정연·박재득(1997), 「제한된 영역에서의 폼 기반 자연언어 대화 인터페이스」, 『한국정보과학회 언어공학연구회 학술발표 논문집』, 463-468쪽.

김원경(2008), 「질의문의 화행과 담화 특성: 자연어 질의응답 시스템을 중심으로」, 『우리어문연구』 30, 우리어문학회, 235-263쪽.

김진량(2005), 「디지털, 텍스트, 서사」, 『시학과 언어학』 9, 시학과 언어학회, 69-99쪽.

김향화(2001), 「한국어 담화표지의 기능」, 『한국학논집』 28, 계명대학교 한국학연구소, 113-140쪽.

김효용(2005), 「디지털미디어 시대에 있어서 인터랙션의 도입을 통한 애니메이션의 영역 확장과 니치마켓 탐색에 관한 연구」, 『기초조형학연구』 6-2, 한국기초조영학회, 173-181쪽.

두경일·박준우(2006), 「커뮤니케이션 디자인에서의 인터랙티브 스토리텔링에 관한 연구」, 『한국디자인문화학회지』 12-2, 한국디자인문화학회, 55-66쪽.

마코토 나가오 외(2000), 『문자와 소리의 정보처리』, 미국 멀티미디어 랩 옮김, 한국학술정보.

마코토 나가오(2007), 『자연언어처리: 차세대 웹과 온톨로지의 핵심 기술』(1996), 황도삼·최기선·김태석 옮김, 개정판, 홍릉과학출판사.

박동숙·전경란(2002), 「디지털 시대의 이야기하기」, 『방송연구』, 여름.

박두경 외(2006), 「온톨로지와 게임 커뮤니티의 질의/응답 게시글을 이용한 대화형 NPC의 구현」, 『한국정보과학회지』 33-2, 한국정보과학회.

박영수(1981), 『비표현 수행력 연구』, 형설출판사.

박용수(2003), 『특정 대화 영역 지식을 이용한 한국어 대화체 연속 음성 인식』, 서강대학교 석사학위논문.

박용익(2001), 『대화분석론』, 역락.

박재득 외(1998), 『지능형 대화 모형 기술 개발: 제2차년도 최종보고서』, 정보통신부.

박중진(2002), 『인터넷에서 대화를 통한 추천시스템』, 인하대학교 석사학위논문.

서상규·구현정(2005), 『한국어 구어 연구 1, 2: 대학생 대화 말뭉치를 중심으로』, 한국문화사.

서정연 외(1999), 『대화이해 및 생성시스템 개발을 위한 대화 인지모형 연구』, 과제보고서, 과학기술부.

서정연·이재원·박재득(1997), 「대화체 문장 처리에 관한 연구」, 『정보과학회지』 101, 한국정보과학회, 35-41쪽.

손세모돌(2001), 「발표에서의 담화표지 연구」, 『교육연구』 3-1, 대진대학교 교육대학원 교육연구소.

송경숙(2004), 『담화분석』, 한국문화사.

송도규 외(1998), 「제한 영역 대화에 나타난 언표적 행위와 언표내적 행위의 상관관계 연구」, 『한글 및 한국어정보처리 학술대회지』 10, 한국어정보처리학회.

송창환(1996), 『문형에 기반한 대화음성에서의 의도분석』, 한국과학기술원 석사학위논문.

신승은·서영훈(2005), 「한국어 질의응답시스템을 위한 술어 기반 질의 분석」, 『컴퓨터정보통신연구』 13, 충북대학교 컴퓨터정보통신연구소, 99-104쪽.

신승은·서영훈(2006), 「질의 응답 시스템을 위한 질의문 심층 분석」, 『한국
　　콘텐츠학회논문지』 6-3, 한국콘텐츠학회, 12-19쪽.

안영훈·김학수·서정연(2002), 「지지 벡터 기계를 이용한 질의 유형 분류기」,
　　『한국정보과학회 언어공학연구회 학술발표 논문집』, 129-136쪽.

안주호(1992), 「한국어 담화표지 분석」, 『말』 17, 연세대학교 한국어학당, 21-
　　38쪽.

앤드류 롤링스 외(2004), 『게임 기획 개론』, 제우 미디어.

오영진(2005), 『지능형 교통정보 서비스를 위한 의미베이스 대화 시스템』, 서
　　경대학교 석사학위논문.

우한용 외(2006), 『인터넷 시대의 글쓰기와 표현교육』, 서울대학교 출판부.

원일석(2002), 『게임 NPC의 대화 자동생성에 관한 연구』, 상명대학교 석사
　　학위논문.

원일석·이대웅(2002), 「MMORPG에서 게임 NPC의 성격과 대화생성에 관한
　　연구」, 『자연과학연구』 9, 상명대학교 자연과학연구소, 1-17쪽.

윤석민(2010), 「문장종결법 재고: 문장종결법의 범주적 특성과 종류」, 『한국
　　어학』 46, 한국어학회, 47-80쪽.

은종민 외(2005), 「지지벡터기계(Support Vector Machines)를 이용한 한국
　　어 화행분석」, 『한국어정보처리학회지』 12-3, 한국어정보처리학회,
　　365-368쪽.

이강천·서정연(1998), 「의미 중심어에 기반한 한국어 문장 생성 시스템」, 『정
　　보과학회논문지』 4-5, 한국정보과학회, 718-727쪽.

이경호(2005), 「질의응답 시스템과 질문문 분석: 질문 분류를 중심으로」, 『국
　　어 연구와 의미 정보』, 월인.

이대호(2005) , 「게임캐릭터의 실시간 대화시스템에 대한 고찰」, 『게임&엔터
　　테인먼트 논문지』 1-1, 한국콘텐츠학회, 39-46쪽.

이대호(2010), 「게임업계 연 매출 3조원 시대 열린다」, http://www.ddaily.
　　co.kr/news/news_view.php?uid=59710, 『디지털데일리』.

이동훈(2005), 「MMOG에서의 효과적인 인터랙티브 스토리텔링 디자인 방법

연구』, 상명대학교 석사학위논문.

이상호·서정연(1994), 「의미 중심어 주도 방식을 이용한 한국어 생성 시스템의 구현」, 『한국정보과학회 언어공학연구회 학술발표 논문집』, 434-438쪽.

이성영(1994), 『표현 의도의 표현 방식에 관한 화용론적 연구』, 서울대학교 박사학위논문.

이성영(1994), 표현 의도의 표현 방식에 관한 화용론적 연구 , 서울대학교 박사학위논문.

이성우(2007), 『0/1의 세계에서 시란 무엇인가』, 고려대학교 출판부.

이성욱·서정연(1999), 「결정트리를 이용한 한국어 화행 분석」, 『한국정보과학회 언어공학연구회 학술발표 논문집』, 377-381쪽.

이영래(1992), 『간접 언어 행위에 관한 연구』, 경북대학교 박사학위논문, 1992.

이용욱(2004), 『문학, 그 이상의 문학』, 역락.

이은희(2004), 「인터넷 광고의 소통구조와 표현 특성」, 『한국어 의미학』 15, 한국어의미학회, 93-121쪽.

이은희·권정현·이현주(2008), 「게임 대화의 특성 연구」, 『화법연구』 13, 207-235쪽.

이은희·박충식·조성현(2006), 「MMORPG에서의 지능형 NPC에 관한 연구」, 『한국콘텐츠학회 춘계종합학술대회 논문집』 4-1, 388-391쪽.

이인숙(2005), 「영화사이트에 있어서의 인터랙티브 스토리텔링에 관한 연구」, 『기초조형학연구』 6-4, 한국기초조형학회, 355-367쪽.

이재경 외(1991), 「자동응답기능을 갖춘 MuX용 멀티미디어 대화시스템의 설계 및 구현」, 『한국정보과학회지』 18-1, 한국정보과학회.

이정애(1999), 『국어 화용표지의 연구』, 전북대학교 박사학위논문.

이준희(2000), 『간접화행』, 역락.

이준희(2005), 「언표내적 화행의 유형과 간접 화행」, 『우리어문연구』 24, 우리어문학회, 69-99쪽.

이해중·조정미·문준혁·서정연(1999), 「한국어 어휘 지식 베이스 구축 시스템」, 『한국정보과학회 언어공학연구회 학술발표 논문집』, 397-403쪽.

이현정·서정연(1997), 「문장의 화행을 반영한 한-영 대화체 기계번역」, 『한국 정보과학회 언어공학연구회 학술발표 논문집』, 271-276쪽.

이현정·서정연(1997), 「한국어 대화체 문장의 화행 분석」, 『한국정보과학회 지』 24-2, 한국정보과학회, 259-262쪽.

임규홍(1995), 「담화표지 '뭐냐'와 '있지'에 대하여」, 『어문학』 56, 한국어문학 회, 51-68쪽.

임준식(2006), 『인공지능 프로그래밍』, 그린.

장경희(1988), 「국어의 간접 표현」, 『주시경학보』 1, 주시경연구소.

장경희(1998), 「화행의미론」, 『한국어의미학』 2, 한국어의미학회, 41-56쪽.

장노현(2005), 『하이퍼텍스트 서사』, 예림기획.

장석진(1987), 「한국어 화행동사의 분석과 분류」, 『어학연구』 23-3, 서울대학 교 어학연구소, 307-339쪽.

장석진(1989), 『화용론연구』, 탑출판사.

장성은(1996), 「간접 화행에 대하여」, 『언어학논집』 7, 언어정보연구원.

장성환(2005), 「인터랙티브 스토리텔링을 기반으로 한 디지털 컨텐츠 제작에 관한 연구」, 『기초조형학연구』 6-2, 한국기초조형학회, 37-48쪽.

전은주(1991), 「간접적 요청 행위와 간접적 제안 행위에 대하여」, 『화용론 논 집』 1, 서울대학교 화용론연구회.

정과리·한기 대담(2000), 「디지털 시대, 문학의 운명」, 『문예중앙』, 14-37쪽.

정한민·이근배·최원석·민경구·서정연(2001), 「관계형 데이터베이스상에서 의 다국어 질의 응답 시스템」, 『한국정보과학회 언어공학연구회 학 술발표 논문집』, 530-537쪽.

조은경·서정연(2005), 「인간 기계 대화 시스템에서 조응어 해석」, 『한국어 의 미학』 18, 한국어의미학회, 73-98쪽.

조은경·서정연(2005), 「인간 기계 대화 시스템에서 조응어 해석」, 『한국어 의 미학』 18, 한국어의미학회, 73-98쪽.

조은하(2006), 「인터랙티브 스토리텔링: 게임서사를 중심으로」, 『21세기 문학

의 새로운 방향: 구보학회 제3회 학술발표대회 논문집』.

조현근·김수곤·김진희·임창영(2006),「인공지능 대화엔진의 새로운 활용: 복수의 챗봇 사이의 대화를 이용한 엔터테인먼트 시스템 디자인」,『한국디자인학회 학술발표대회 논문집』, 56-57쪽.

차운옥(1999),「인공지능의 이해」, 고창수 편저,『한국어와 인공지능』, 태학사, 137-158쪽.

최동호·이성우(2005),「팬포엠(FanPoem)의 가능성과 실제 구현: 하이퍼텍스트 시쓰기 프로그램과 시인·독자의 위상 변화를 중심으로」,『어문논집』 51, 민족어문학회, 179-208쪽.

최삼하·김경식(2005),「게임캐릭터의 실시간 대화시스템에 대한 고찰」,『게임&엔터테인먼트 논문지』 1-1, 한국콘텐츠학회, 39-46쪽.

최삼하 외(2005),「게임캐릭터 실시간 대화 시스템에 대한 고찰」,『한국 콘텐츠 학회』, 39-46쪽.

최영미·강신진(2008),『인공지능과 게임』, 살림.

최유찬(2004),『컴퓨터 게임과 문학』, 연세대학교 출판부.

최혜실(2003),「디지털 스토리텔링」,『한국정보과학회지』 21-2, 한국정보과학회, 12-15쪽.

최혜실(2003),「디지털 시대의 게임」,『현대소설연구』 18, 한국현대소설학회, 365-384쪽.

홍진혁·조성배(2004),「화행별 템플릿 기반 적응형 대화 에이전트의 점증적 지식 획득」,『한국정보과학회지』 31-1, 한국정보과학회, 544-546쪽.

Arnovick, Leslie K.(1999), "Diachronic Pragmatics: Seven Case Studies," *English Illocutionary Development*, Amsterdam: Benjamins.

ASher, Nicholas & Alex Lascarides(1998), "Questions in Dialogue," *Linguistics and Philosophy* 21.

Austin, J. L. (1962), How to Do Things with Words, New York: Oxford University Press, 김영진 옮김(1992),『말과 행위』, 서광사.

Bach, Kent & Robert M. Harmish(1979), *Linguistic Communication and*

Speech Acts, Cambridge: MIT Press.

Bilmes, J. (1986), *Discourse and Behavior.* New York and London: Plenum.

Blakemore, Diane(1992), *Understanding Utterances,* Oxford: Blackwell.

Boye, Johan & Joakim Gustafson(2005), "How to Do Dialogue in a Fairy-Tale World," *6th SIGdial Workshop on Discourse and Dialogue Lisbon, Portugal.*

Brinker, K. & Sager, S. F. (2009), 『대화분석의 이해』, 진정근 옮김, 백산서당.

Brown, P. & Levinson, S. (1978), Universals in language usage: politeness phenomena. In E. Goody(ed.) *Questions and Politeness: Strategies in Social Interaction.* Cambrige: Cambridge University Press, pp. 56-311.

Bush, Vannevar(1945), "As We May Think," *Atlantic Monthly* 176-1, pp.101-108.

Cavazza, Marc & Fred Charles(2005), "Dialogue Generation in Character-based Interactive Storytelling," *Proceeding of American Association for Artificial Intelligence.*

Cavazza, Marc et al. (2002), "Interacting with Virtual Characters in Interactive Storytelling," *1st Intentional Joint Conference on AAMAS.*

Choi, Won Seug, Jeong-Mi Cho, & Jungyun Seo(1999), "Analysis System of Speech Acts and Model," *Proceeding of the 37th Annual Meeting of the Association for Computational Linguistics.*

Chu-Carroll, J. & S. Carberry(1995), "Response Generation in Collaborative Negotiation," *ACL 95.*

Cook, J.(1975), *A Communicative Approach to the Analysis of Extended Monologue Discourse and Its Relevance to the Development of*

Teaching Materials for ESP, Edinburgh: University of Edinburgh Press.

Devito, J. A.(1994), *Human Communication: The Basic Course*. New York; HarperCollins.

Engelbart, Douglas C.(1962) "A Conceptual Framework for the Augmentation of Man's Intellect," quoted in Paul W. Howerton and David C. Weeks, eds., The Augmentation of Man's Intellect by Machine, Washington, D.C.: Spartan Books, 1963, pp.1-29.

Espen Aarseth(2006), "From Hunt the Wumpus to EverQuest: Introduction to Quest Theory", p.4.

Fletcher, P. & Garman, M.(1986), *Language Acquisition, Cambridge:* Cambridge Chaudron & Richards.

Franck, D.(1980), *Grammatik und Konversation,* Königstein.

Fraser, B.(1974), "An Examination of the Performative Analysis," *Papers in Linguistics 7.*

Goffman, E.(1967), *Interaction rituals: essays on face-to-face behavior.* NY: Doubleday Anchor Books, 1967.

Goodwin, C.(1981), *Conversational Organization: Interaction Between Speakers and Hearers,* New York: Academic Press.

Grice, H. P.(1957), "Meaning," *Philosophical Review 67.*

Grice, H. P.(1975), "Logic and Conversation", In Cole & Mogan, *Syntax and Semantics 3*, Speech acts, New York, pp.41-58.

Grosz, B., Joshi, A., & Weinstein, S.(1983), "Providing a unified account of definite noun phrases in discourse," In Proceedings of the 21st Annual Meeting of the Association for Computational Linguistics.

Hancher, M.(1979), "The Classification of Cooperative Illocutionary Acts," *Language in Society* 8-1.

Hare, R. M.(1970), "Meaning and Speech Acts," *Philosophical Review* 79.

Harris, R.(1980), *The Language Makers*, London: Duckworth.

Hauser, Roland(2002), 『전산언어학의 기초』, 장석진 외 옮김, 한국문화사.

Heinemann, W. & Viehweger, D.(2001), 『텍스트언어학 입문』, 백설자 옮김, 역락.

Hewes, D. E. & Planalp, S.(1987), "The Individual's Place in Communication Science." In Handbook of Communication Science. Edited by Charles R. Berger and Steven H. Chaffee. Newbury Park, Calif.:Sage, 1987, PP. 146-183.

Johnstone, Barbara(2002), *Discourse Analysis*, Blackwell.

Kallmeyer, W. & Schütze, F. (1976), Konversationsanalyse, Studium Linguistik 1, pp. 1-28.

Kallmeyer, W. (1977), Verständigungsproblemem in Alltagsges-prächen. Zur Identifizierung von Sachverhalten und Handlungszusammenhängen. *Der Deutschunterricht* 6, pp. 52-69.

Katz, J. J.(1977), *Propositional Structure and Illocutionary Force*, New York: Crowell.

Kim, Jin Ah, et al.(1995), "A Response Generation in Dialogue System Based on Dialogue Flow Diagrams," *Proceedings of NLPRS*.

Kuperberg, Marcia(2005), 『컴퓨터그랙픽 & 애니메이션』, 김효용·김남형 옮김, 안그라픽스.

Lambert, L. & S. Caberry(1999), "A Tripatite Plan-Based Model of Dialogue," *Proceedings of ACL*.

Langellier, Kristin M. & Eric E. Peterson(2004), *Storytelling in Daily Life*, Temple University Press.

Lecky-Thompson & Guy W.(2008), *AI and Artificial Life in Video Games*, Boston: Course Technology.

Lee, Hyunjung, Jae-Won Lee, & Jungyun Seo(1998), "Speech Act Analysis

Model of Korean Utterances for Automatic Dialog Translation," *Journal of Korea Information Science Society: Software and Applications* 25.

Lee, Songwook & Jungyun Seo(1999), "Korean Speech Act Anaysis Using Decision Tree," Proceedings of the Conference on Hangul and Korean Language Information Processing.

Leech, G. N.(1983), *Principle of Pragmatics*, New York: Longman.

Levinson, S. C.(1983), *Pragmatics*, Cambridge: Cambridge University Press.

Littlejohn, S. W.(1996), 『커뮤니케이션 이론』, 김홍규 옮김, 나남출판.

Longacre, R. E.(1976), *An Anatomy of Speech Notions*, Lisse: Peter de Ridder Press.

Csikszentmihalyi. M.(1990), *Flow : The psychology of optimal experience*, Haper and Perenial.

Mellon & Constance A.(1999) "Digital Storytelling: Effective Learning Through the Internet," *Educational Technology* 39-2.

Mey, J. L.(1996), 『화용론』, 이성범 옮김, 한국문화사.

Miller, Carolyn Handler(2006), 『디지털 미디어 스토리텔링』, 이연숙 외 옮김, 커뮤니케이션북스.

Mittwoch, A.(1976), "Grammar and Illocutionary Force," *Lingua*.

Motsch, W & Pasch, R.(1987), Illokutive Handlungen. In: W. Motsch(Hrsg.). *Satz, Text, sprachliche Handlung*, Satzund Text.

Motsch, W.(1987), Zur Illokutionsstruktur von Feststellungstexten. *Zeitschrift für Phonetik, Sprachwissenschaft und Kommunikationsforschung.* 40. pp. 45-67.

Nunan, D.(1993), *Introducing Discourse Analysis*, University of Nebraska Press.

Osgood, C.(1975), *Cross Cultural Universals of Affective Meaning,*

Urbana: University of Illinois Press.

Pasthas, G.(1979), *Everyday Language: Studies in Ethnomethodology,* New York: Irvington.

Richards, Jack C.(2001), *Curriculum Development in Language Teaching,* Cambridge University Press.

Sacks, H. & Schegloff, E. A. & Jefferson, G. (1974), A simplest systematics for the organization of turn-taking for conversation. *Language* 50, pp. 696-735.

Sacks, H., E.A. Schegloff, and G. Jefferson, "A Simplest Systematics for the Organization of Turn-taking in Conversation," *Language* 50-4, 1974.

Sadock, J.M.(1974), *Toward a Linguistic Theory of Speech Act,* New York: Academic Press.

Samuel, K., S. Carberry, & K. Vijay-Shanker(1978), "An Investigation of Transformation-Based Learning in Discourse," *Machine Learning: Proceeding of the 15th International Conference.*

Samuel, K., S. Carberry, & K. Vijay-Shanker(1999), "Automatically Selecting Useful Phrases for Dialogue Act Tagging," *Proceedings of the Fourth Conference of the Pacific Association for Computational Linguistics.*

Schank, G.(1977), Über einige Regeln der Themenverwendung in natürlichen Gesprächen. *Muttersprache* 87, pp. 234-244.

Schank, G.(1981). *Untersuchungen zum Ablauf natürlicher Dialoge.* München.

Schegloff, E. A. & Sacks, H.(1973), Opening and closings. *Semiotica* 8, pp. 289-327.

Schegloff, E. A. (1972), Sequencing in conversational openings(1968), In: Laver, J. & Hutcheson, S. (Hrsg.), *Commnication in face-to-*

face-interaction. Harmondsworth, pp. 374-405.

Searle, John R.(1969), Speech Act, Cambridge University Press.

Sperber, D. & Wilson, D.(1993), 『인지적 화용론 -적합성 이론과 커뮤니케이션-』, 김태옥·이현호 옮김, 한신문화사.

Steger, H. (1976), *Sprechintentionen und Kommunikation-sintentionen*. Unver. Manuskr. Freiburg.

Steinberg, D. & Jakobovits, L.(1971), Semanties: An Interdisciplinary Reager in Philosophy, Linguistics and Psychology, Cambridge: Cambridge University Press.

Storrs, H, J.(2007), *Beyond AI: Creating the Conscience of the Machine*, New York: Prometheus Books.

Strawson, P. F.(1964), "Intention and Convention in Speech Act," *Philosophical Review*, 73.

Susana Tosca(2003), *"The Quest Problem in Computer Games"*. IT University of Copenhagen.

Susana Tosca(2003), "The Quest Problem in Computer Games". IT University of Copenhagen, pp.1-5

Techtmeier, B.(1984), *Das Gespräch. Funktionen,* Normen und Strukturen. Belin.

Thomas, J.(1996), *Meaning in Interaction: An Introduction to Pragmatics.* London: Longman.

Turban, Efraim et al.(2005), *Decision Support Systems and Intelligent Systems*, 7th ed., Prentice Hall.

| 저자소개 |

고창수 한성대학교 한국어문학부 교수
이은희 한성대학교 한국어문학부 교수
김효용 한성대학교 미디어디자인컨텐츠학부 교수
이성우 전 고려대학교 강사, 현 디지로그 글로벌 대표
권정현 한성대학교 강사
정연주 고려대학교 강사
이현주 한성대학교 강사

인공지능 대화시스템 연구

초판 인쇄/ 2012년 6월 20일
초판 발행/ 2012년 6월 28일

저   자 고창수 외
책임편집 김민경

발 행 처 도서출판 지식과교양
등   록 제2010-19호
주   소 132-908 서울시 도봉구 창5동 262-3번지
전   화 02-900-4520 / 02-900-4521
팩   스 02-900-1541
전자우편 kncbook@hanmail.net

ISBN 978-89-94955-87-2 93710   **정가** 17,000원

이 도서의 국립중앙도서관 출판도서목록(CIP)은 e-CIP홈페이지(http://www.nl.go.kr/ecip)에서
이용하실 수 있습니다. (CIP제어번호: CIP2012002813)